一個人，剛剛好

梁知夏君——著

Part 1 愛自己，是終生浪漫的開始

目錄
CONTENTS

Part 2 婚姻的幸福，大部分來自於自己

Part 3 單身是你距離成功最近的時候

目錄
CONTENTS

Part 4 活成你自己一個人的千軍萬馬

前言

不是所有的魚都生活在同一片海洋裡

我因為寫作的緣故，認識了無數身處天南海北卻未曾謀面的朋友，而情感博主的人設讓我自帶了傾聽者的屬性，所以在無數個夜深人靜的晚上，我都會隔著手機螢幕，接收著來自這個星球不知從何處發出的悲傷。

這些悲傷的外衣不盡相同，或來自職場上的格格不入，或來自情感上的求而不得，但無數的悲傷追溯到源頭就只剩下一個問題，就像是那個已經記不太清的某個夜晚，一位讀者的留言：

「不知道我做錯了什麼，我覺得自己難以融入周圍的環境，孤獨得像頭荒原上的孤狼，陪伴我的只有寂寥如雪的月光。」

我記得當時的自己沉默了很久，然後很認真地回了一句話：其實我也很孤獨。緊接著，我又補上了第二句話：不過，這樣的孤獨其實還有另一個名字——獨立。

曾在知乎上看到這樣的提問：如何學會內心真正獨立？而在下面那麼多的回答裡，我看到了這樣一句話：永遠不要把傷口攤在陽光之下，因為會停留的只有蒼蠅。

大概是骨子裡嚮往抱團取暖的基因作祟，當面對挫折和絕望時，悲傷會促使我們更加迫切地去尋求安慰。但事與願違的是，這世上絕大多數人都做不到感同身受，而四處碰壁之後，我們才會明白，唯一能拯救自己的也只有自己而已。

我細細聽著那位讀者講述自己的故事，從學生時代開始他就養成了靜如止水的性格，同齡人還在熱衷追劇、聊八卦時，他就習慣從書中汲取知識。

即便脫離了高中繁瑣的學海，步入大學殿堂之後，他也在室友沉迷打遊戲的日日夜夜裡，學以致用，用一次次的創業貫穿整個大學時代。

他從來沒有懷疑過自己，直到某個夜晚，他回到宿舍看到空無一人，滑手機卻發現其他人都出去聚餐的時候，本就創業不順的他第一次產生了自我懷疑。

「我當時很想找個人訴說，但我真的開口跟他們講我的經歷和困惑，他們卻用一種毫無興趣的口吻勸我放棄，而那一刻也是我無比接近放棄邊緣的時候。」

殘酷的現實真相是：絕大多數人隨波逐流並非出於本心，而是來自周圍人的推波助瀾。通往成功的路上勢必是孤獨的，越往前走就越有高處不勝寒的孤獨。而能支撐著我們最終甩開平庸，成為眾人豔羨的成功者的，也唯有自身獨立的人格。

狼何必去向羊群尋求安慰？牠們比任何人都清楚，自己永遠不願低頭吃草。

我記得自己剛開始嘗試寫作的時候，一位前輩說過一句話：寫作其實是個比絕大多數行業都要孤獨的領域，你除了要在別人享受生活的日子裡埋頭苦寫，還得在等待厚積薄發的漫長時間裡，漫無目的地疲憊前行。更重要的是，縱然你熬過了無數個日日夜夜，你也可能毫無起色，甚至因此遭受身邊人的譏笑。但請你務必記住一句話：夏蟲不可語冰。

對於寫作者來說，最難熬的從來不是精心創作卻無人問津，而是當你在失望與希望之間苦苦掙扎的時候，身邊有人給你遞上了一個完美的放棄理由。

我大學畢業後的第一份工作是在一家服裝外貿公司，那時我拿著不到三千元人民幣的薪水，過著義務加班、不固定休息的「社畜」生活。

機械式重複的工作讓我很快就產生了另謀生路的想法，在幾經思考後，我選擇了門檻很低的寫作，並努力用不斷輸出的方式來鍛鍊寫作能力。

很少有人會相信，當時的我為了能靠寫作賺點稿費，接了一千字十元人民幣的小說創作，每天熬夜更新六千字，只為了能在微薄薪水之外，每個月多獲得一千八百元人民幣的收入。

至今我都記得同宿舍的室友一邊追劇，一邊對我說的那句足以誅心的話：「一千字才十塊錢，那你還不如戒掉早餐，把錢省下來比較快。」

語言的力量比我們想像中要厲害許多，當瀕臨崩潰邊緣的時候，一句譏諷足以毀掉一個人長久以來的夢想和堅持。

那之後的我消沉了很久，直到我讀到日本作家村上春樹的一段話才重新燃起對寫作的信心，並一路堅持走下來，直到今天實現了自己的出書夢想。

村上春樹說：

你要做一個不動聲色的大人了。不准情緒化，不准偷偷想念，不准回頭看。去過自己另外的生活。你要聽話，不是所有的魚都生活在同一片海洋裡。

如今的我，除了本職工作以外，透過寫作不僅認識了無數新朋友，也因為寫作而收穫穩定的副業收入，成了身邊人眼中的「斜槓青年」，在家鄉的小城裡過上了不再拮据的生活。

而我想用親身經歷說明的是，不是所有的魚都生活在同一片海洋裡，通往成功的路上勢必漸行漸遠漸孤獨，不要在行將到達成功彼岸的時候，因為他人的不理解而選擇放棄；也不要嘗試去說服身邊每一個人理解你的做法，因為夏蟲不可語冰；在你沒有獲得耀眼的成功之前，所有的辯解都顯得蒼白無力。

去堅持你內心堅持的，去相信你內心相信的，就像作家尹惟楚所說：

如果你的征途是星辰大海，那就用背影勾勒彩虹，將雨水藏在心底；如果你的夢想是廚房與愛，那就攜手拂曉黃昏，一蔬一飯盡是溫存。

雖然人生來就是群居動物，但我們可以在千絲萬縷的社會關係之外，保留自己的獨立人格。如果茫茫人海中，我們有幸遇到那個對的人，那麼不妨大膽且堅定地陪他一路走下去；如果事與願違，我們也可以在紛擾塵世中繼續一個人的修行。

每個人都不是一座孤島，但你可以擁有專屬的風光。

因為一個人，其實也剛剛好。

Part One

愛自己，是終生浪漫的開始

即時通訊可收回的兩分鐘裡，你用來後悔什麼

知乎上有這樣一個問題：通訊軟體可收回的時間，為什麼是兩分鐘？

有人在下面給出了答案：因為很多事情，我們在這一分鐘做完後，在下一分鐘就後悔了。

每個人在社會裡都不是一座孤島，都身處在一定的社會關係中，勢必會遇見很多人，做很多事，然後面臨很多選擇。

絕大多數的情況下，我們的選擇會根據理智和經驗而得到一個滿意的結果，但不得不承認，無論我們怎麼努力，總會做錯選擇，甚至大錯特錯。

這世上沒有後悔藥，但在通訊如此發達的今天，通訊軟體給了每個人兩分鐘的可收回時間。

那些因為一時衝動，抑或是深思熟慮後突然後悔的訊息，可以在兩分鐘內收回，只要對方在兩分鐘內沒有看到，那麼一切都可以當作從未發生過。

除了那些手滑發出去的訊息外，兩分鐘可收回的功能往往都用來補救男女間的關係：用一分鐘的衝動說出了分手，再用下一分鐘的冷靜，收回前言。

朋友老杜是個木訥的人，他不善於表達內心的想法。

在一次為了瑣事的爭吵中，老杜沉默地聽完暴怒女友數落自己兩小時，回到公司宿舍後，他發出了分手訊息。

他用一分鐘的時間，回想了女友平素任性的模樣。

她會花很多錢去學一些在自己看來很沒用的東西，比如花藝和刺繡；她還會拉著自己去看一些很無聊、很廉價催淚的青春電影……

可是下一分鐘，老杜突然想到女友平素可愛的模樣。

女友將花藝課的第一份作品送給老杜，那是以粉薔薇作為主題的花束。後來老杜上網搜尋才知道，粉薔薇的花語是：執子之手，與子偕老。

女友將第一份針法笨拙到難以入眼的刺繡作品送給了老杜，上面沒有山水田園，沒有鴛鴦戲水，只有歪歪扭扭的老杜的名字。

女友在看完青春電影後不只會飆淚，還會哽咽著一遍又一遍對老杜說：「我們要好好相愛，好好在一起。」

這些畫面串聯在一起，老杜就忍不住紅了眼眶。這麼好的女孩，怎麼能忍心把她讓給別人？

於是第二分鐘，老杜收回了那條訊息。

萬幸的是，女友什麼都沒有看到，而是問他：

「你收回了什麼？」

「我寫的檢討信，寫得不夠深刻，決定收回重寫。」

「哼，我還在生氣呢！」

「我愛你，想跟你在一起一輩子。」

「枯木逢春，頑石開竅了？會說情話了？」

「嘿嘿，我愛你啊。」

人只有在即將失去的那一瞬間，才會明白對方到底有多重要。

世界很大，你只要稍稍一鬆手，那個曾經陪伴你，與你同喜同悲的人就會在下一秒消失在茫茫人海。

可你要明白的是，能後悔並重歸於好的機會實在是太少太少了。即便是兩分鐘可收回的設定中，仍然存在著一個 Bug。

如果對方剛好看到訊息的話，即便是收回成功也沒有什麼意義了。最尷尬的是我鼓足勇氣把心裡話都說了出來，然後又後悔收回，可你卻已經看到了。

在感情中，最讓人難過的不是一時衝動說出來的傷人話，而是真正死心時，發出分手訊息又收回。並不是他不想分手了，他只是想要換一種和緩的方式來結束這段感情。

然而事實上，除非兩個人都不愛了，否則但凡分手都不會很體面，總有一個人會受到傷害。用和緩的方式來分手，往往更殘忍，比如冷戰，比如漸行漸遠。

米蘭・昆德拉（Milan Kundera）在《生活在他方》（*Život je jinde*）一書中寫道：

這是個流行離開的世界，但是我們都不擅長告別。

前任跟我分手的時候，給我發了一條很長很長的訊息，然後又收回了。網上流傳過一份好男友的標準清單，其中一條是女友的訊息要秒回。前任不知道的是，她發分手訊息的時候，我正翹首等著她的聯繫。

那是我第一次沒有秒回她的訊息。

我耐心地等了兩分鐘，然後發過去一個搞怪的表情。

「怎麼了？」

「沒，發錯了。」

那天晚上的對話顯得很無聊，因為兩個人都心不在焉。

再後來就是她東渡異國，開始了新的學業；而我開始實習、工作，走上畢業生該走的一切流程，告別學校，告別前任，告別那段愛情。

在電影《一代宗師》裡有一段對話，章子怡飾演的宮若梅說：「想想說人生無悔，都是賭氣的話。人生若無悔，那該多無趣啊！」

而梁朝偉飾演的葉問則回答道：「人生如棋，落子無悔。」

有悔和無悔，其實都是人生，都是我們要經歷，要學會拿起，學會放下的人生。

我很羨慕老杜有機會去後悔，並整理好心情，繼續呵護這段愛情，但我也從未囿於跟前任的感情而不願出來。

愛情是兩情相悅，不是天道酬勤或是一廂情願就可以成功的。很多人都不甘心於自己曾經的付出，他們總會問：為什麼自己對前任這麼好，可偏偏對方就是不願跟自己在一起？

可是親愛的，當你用付出多少來衡量你的愛情時，那就不是愛情了。

羅振宇在電視節目《奇葩說》中這樣詮釋成長：

撿起那些打碎你的東西，然後放進你的身體，重新開始，這就是成長。

不要執著於那些你無法改變的事情，你要明白，這世間有很多很多的事情，是無法轉圜的；一切都是最好的安排。

美劇《靈書妙探》（Castle）裡有一句臺詞：

總有一天，你回過頭來看，就會發現，你的每段經歷，每個錯誤，每次失敗，都幫你走向你應該成為的那個人。

人生總有後悔，萬物皆有裂痕，可是那又怎樣呢？裂痕，那是光照進來的地方。

最後敬自己一杯：願所想皆能如願，辜負莫要介懷。

社群平臺的「某人定律」：你有多久沒有深愛過一個人

萬年單身狗的朋友昨天晚上發了一條動態：某人難得這麼勤勞，作為獎勵，跟她一起去逛街。

察覺到其中曖昧氣息的我連忙去問他：「脫單這麼大的事情居然做得神不知鬼不覺，你小子不是追求身體與靈魂的獨立嗎？怎麼現在也難以免俗了？」

原本我以為他會拿「真愛無敵」之類的矯情話來搪塞我，沒想到他卻回了我一句：「你不知道『某人定律』嗎？」

「某人定律」就是把你社群裡每一條動態的人物稱謂都用「某人」來代替，只要這麼一改，你會發現曖昧感爆棚。

比如：媽媽難得這麼勤勞，作為獎勵，跟她一起去逛街。

這句話按照「某人定律」修改之後，就會變成上述的「某人難得這麼勤勞，作為獎勵，跟她一起去逛街」。

只要這麼一改，無論原始語境如何，字裡行間都會有一股戀愛的酸臭味撲面而來。

我回他說：「你不是抱持單身主義嗎？為什麼還要搞這麼多假曖昧？」

朋友很認真地回我：「之所以假裝曖昧，就是為了不曖昧。」

不知道大家有沒有發現，身邊有一種人，他們的條件很不錯，追求者也不少，但他們卻始終沒有脫單。這類人為了拒絕別人，通常會使出渾身解數，哪怕是用善意的謊言告訴別人自己已經有了喜歡的人，甚至是交往的對象。

我這位朋友就是這樣，他不僅家境優渥，而且長相出眾，一個標準的「別人家的孩子」。

從進大學開始，他的身邊就不乏追求者，但他大學四年始終沒有脫單，有很多人開玩笑說他一定是同志，所以才會對女生沒有興趣。

但事實上，朋友心裡一直有個女孩，從高中開始就喜歡她，一直到大學也未改初衷。

就像是作家顧漫說的：

如果世界上曾經有那個人出現過，其他人都會變成將就，而我不願意將就。

在他發出那條「某人」動態後沒多久，有個女孩輾轉多人來問我：「他是不是已經脫單了？」

我只能打馬虎眼說：「我也不知道啊。」

女孩沉默了好久，然後失望地回了我一句：「看來他是真的脫單了，我再也沒有機會了。」

我突然明白朋友說的，「假裝曖昧是為了不曖昧」是什麼意思了。

但事情並沒有到此為止，沒過多久，朋友發給我一張他和初戀女生的牽手照。照片裡兩人四目相對，十指緊握，像是久別重逢的愛侶。

我說：「你不是說假裝曖昧嗎？怎麼現在又脫單了？」

他說：「因為我等到了命中注定。」

幾番詢問之下才知道，朋友和初戀女生之間其實早已暗生情愫，只不過兩人都怕戳破之後，連朋友都做不了，所以只能在友誼的偽裝下交往著。

愛到了深處，沒有十足的把握，誰也不敢冒險越過友情的界限去追求愛情。因為友情還能後退一步，而愛情往後退就是萬丈深淵。

就在這條「某人」動態更新沒多久，初戀女生再也忍不住了。

「聽說你脫單了？」

「對呀，我正在和某人聊天呢。」

「哦，好吧……」

「嗯……我怎麼覺得某人有點不高興？」

「哪有，我當然為你高興啦……嗯……你說的某人是誰？」

「上一個某人是我媽，接下來的某人都是你。」

雖然我狠狠地吃了一口狗糧，但我突然發現假裝曖昧是個很不錯的方法。

有時候在愛情裡我們會顧忌很多，有的怕拒絕會傷害別人，甚至違心地和對方在一起。然而，這樣的感情往往不得善終，我們原本的善意最終也會給對方帶來莫大的傷害。

那些寧願假裝曖昧也不願意脫單的人，往往明白一個深刻的道理：相比一直單身，愛錯一個人所付出的代價更大。

有時候我們選擇開始一段感情，並不是因為真的愛對方，而是因為年紀到了，對方條件不錯，身邊的人開始催了。正是在這些外界因素的推波助瀾下，我們才會匆匆忙忙地開始一段感情，匆忙到還沒有想清楚未來；匆忙到還來不及考慮代價。

舟舟大學畢業後沒多久，就被家人安排相親。隨著相親的對象走了一輪又一輪，舟舟原本憧憬愛情的心理也漸漸崩塌了。終於，在那麼多沒感覺的對象裡，她挑了一個長相不錯、家境也不錯的人。

認識六個月後，兩人步入婚姻殿堂，緊接著一年後生了第一個孩子。

馬奎斯（Gabriel García Márquez）在《愛在瘟疫蔓延時》（*El amor en los tiempos del cólera*）裡寫道：

比起婚姻中的巨大災難，日常的瑣碎煩惱才難以躲避。

即便是以愛情為基礎的婚姻，都有不小的機率被雞毛蒜皮的生活磨平，更何況是這種匆忙建立起來的法定契約？

舟舟開始嫌棄老公不解風情，永遠都像孩子一樣沉迷於遊戲，無法自拔；她的老公也嫌棄她變成了一個囉哩囉嗦的黃臉婆，連孩子都帶不好。

在生完孩子的第二年，兩個人的婚姻就亮起了紅燈。

愛情其實就像彩虹，你永遠不知道它會在哪個時刻出現，你能做的只有在它出現之前耐心等待。

要記住一句話：愛情不是製造出來的，愛情只能靠偶然相遇，才能出現在你的生命裡。

現在的年輕族群太過焦慮，為了脫單會做出很多違心的選擇。眼前這個人雖然不是自己喜歡的類型，價值觀也不符，但我可以跟他交往看看，以後遇到好的再分手。

茫茫人海裡，哪有一個剛好跟自己的價值觀一致、靈魂相契合的人呢？找個差不多的就可以了，婚姻就是生活，兩個人湊合過日子而已。

我不是想勸你一定要找到一個完全符合自己標準的人再去談戀愛，而是想說不要在一開始決定談戀愛的時候，就帶著騎驢找馬的心態，因為這不公平，甚至有些無恥。那個主動跟你表白的人是真的愛你，他把百分之百的愛都給了你，而你則以戀愛之名養了一個備胎。

我也不否認婚姻裡有生活的影子，但婚姻不等同於生活，婚姻應該是生活加愛情的產物。妄想用愛情的方式來度過婚姻的，大多沒有好下場；而把婚姻純粹當作生活的，基本上都會淪為最熟悉的陌生人。

作家劉亮程在散文〈寒風吹徹〉裡有一句話：

落在一個人一生中的雪，我們不能全部看見。每個人都在自己的生命中，孤獨地過

冬。

很多人都說，自己之所以選擇倉促地開始一段戀情，是因為寂寞，害怕孤單。但事實上，人生中絕大多數時候都是孤單的，即便脫單以後，孤單也是常態。越是孤單，越要明白自己到底想要什麼。

孤獨的真正定義並不是自己一個人在黑暗裡默默忍受，而是一個人咬著牙在黑暗裡堅定不移地走下去。

等你穿過丘壑，走過荊棘，收斂曾經的鋒芒，沉澱年少的輕狂後，你會看到一個人站在你面前，像是久別重逢般朝你張開手，對方的眼裡有光，光裡映襯的是你的模樣。

分手還保持聯繫?! 你的偽豁達正在狠狠噁心現任

滑手機的時候看到一條動態：相戀三年的男友居然還保留著前任的帳號，而且前段時間還看到他給前任按讚，他們是不是有曖昧？

很多人在下面評論說：事隔經年，也許他已經把前任當成是普通朋友，現任完全沒有必要這麼在意。

但仍然有一部分聲音堅定地認為：不管有沒有曖昧，前任對於男人來說都是非常特殊的存在，如果有了現任的話，一定要隔絕和前任的一切關係。

說實話，前任對這個男友有沒有曖昧我不知道，但這個男友一定對前任有曖昧。

都說合格的前任應該像死了一樣，但現實生活中有一種情況：雖然男友和前任之間並不太常往來，但男友總是時不時去給前任按讚，就像是一隻無聊的小貓，總是要到處抓一抓。

當現任發現男友還留著前任的帳號時，男友大多會說出以下幾個「道理」：

第一，我對她已經沒有感覺了；

第二，我只是把她當成普通朋友罷了；

第三，我現在真的很愛你。

那好，如果你真的愛我的話，能不能當著我的面把你前任的帳號刪掉？

當問到這個問題的時候，大多數男人會表現出不耐煩：我跟她又沒有深仇大恨，為什麼要刪掉她呢？刪掉她反倒顯得我心虛，你能大度一點、豁達一點嗎？

面對這樣的男人，我只想說：請不要用你的偽豁達噁心現任。

瀟瀟發現男友還留著前任的帳號完全是一個意外。那天她無意中翻了男友的社群，發現男友經常會給一個陌生的帳號按讚。

她和男友的社交圈基本上是重疊的，所以男友的絕大多數朋友她都認識。

像男友這樣萬年不發動態的人，經常給同一個人按讚，這不得不讓瀟瀟對此產生懷疑。經過幾番詢問之下，瀟瀟才發現這個帳號的主人，正是男友的前任。

其實關於男友的前任，瀟瀟也有所了解。

男友追了她三年，最終在求而不得後沉寂了一段時間，後來他遇到瀟瀟，兩個人順利墜入愛河。戀愛中的瀟瀟和男友算得上是模範情侶，經常在社群裡秀恩愛，或是在有特殊意義的紀念日裡彼此祝福，甚至才談了一年戀愛，就有了結婚的打算。

其實細想起來，男友並沒有任何出格的舉動，只不過是經常給前任的動態按讚罷了。

可是真的就罷了嗎？

有次吃飯的時候，瀟瀟裝作不在意地問男友：「你和前任還有聯繫嗎？」

而一直談笑風生的男友頓時一愣，然後裝作雲淡風輕地說：「早就沒有聯繫了。」

「那為什麼你還要經常給她的發文按讚呢？」瀟瀟不敢相信，在面對前任的話題時，男友居然眼睛都不眨一下地說謊。

「只不過是出於禮貌罷了，我覺得她的發文有趣，也就隨手按個讚，沒什麼大不了的。」

男友像以往一樣給瀟瀟剝了她最愛的螃蟹，但這一次瀟瀟卻食不知味。

我們該怎麼分析瀟瀟男友的奇怪心理？可以保證的是，瀟瀟和男友之間一定有深厚的感情，但不得不承認，在這段深厚的感情之外，男友仍然對前任有一絲晦澀、不為人知的情愫。

很多人都說，愛情就是兩個人忠於彼此，對方是自己的唯一。但是在現實生活中，不難發現，人很有可能在同一段時間裡，對兩個人含有情愫。

現任是唾手可得的安心，前任是求而不得的悸動。

在開啟一段新的感情之前，與前任之間的聯繫若沒有切割清楚的話，就是給自己留下了曖昧的機會。而曖昧發展到極致，便是出軌。

很多男生經常用「就是因為對她沒感覺了，所以才沒有把她刪掉」之類的理由，來回應自己為什麼不刪除前任女友的帳號。

這樣的理由聽起來很坦蕩，但事實上經不起推敲。其實不光是男生，女生也有這樣的心理。

當發現前任開始了新的戀情時，更多的不是祝福，而是內心不知從何而來的鬱悶和氣憤，甚至想要千方百計地問到對方的各種條件，然後下意識地跟自己比較。

即便是已經跟前任分手許久，也會下意識地認為對方是屬於自己的，神聖不可侵犯。

分手後看到前任的社群裡，大多是單身狀態的動態時，我們內心會得到一種不知從何而來的安穩感；而當前任的社群裡出現秀恩愛的動態時，我們會控制不住自己的心情，感到遺憾，甚至是狂躁。

這樣的感覺其實很正常，畢竟那個人曾經陪你度過一段終生難忘的日子。而且絕大多數人，對年輕時的遺憾都刻骨銘心。

正因為如此，在開始新的感情前，請務必澈底和前任斷絕關係。不要說你是把他當成普通朋友，事實上，能真正體面分手的人太少太少了，絕大多數人就算表面風輕雲淡，內心仍然沉積著難以化解的怨氣，而怨氣很可能會催生出錯誤的感情。

愛情哪有什麼豁達和大度，愛情的本質就是自私，就是占有。我喜歡你，所以我下意識地希望你也喜歡我；如果你不喜歡我，我會滿懷怨氣地離開你。

要我風輕雲淡地祝福你，我做不到。我能做到的，就是遠遠離開你，從你的全世界消失，再也不聽任何關於你的消息。也許隨著時光流逝，經歷的人和事越來越多，對你的那段情愫最終會被掩蓋在記憶的塵埃裡。

絕大多數情況下，我並不是忘了你，而是選擇放棄。

即便是分別很久之後，你在我心裡仍然占有一席之地，但是我要對我的現任負責。此時此刻，現時現地，我只屬於對方。

我的社群、我的內心、我的世界裡不能再有你的任何一絲氣息，因為在選擇分手的那一刻，我就決定了要開始新的生活。未來的日子無論是苦是甜，都與你無關，縱有再多遺憾，也不必彼此償還。

一場合格的分手應該用十六個字來總結：一別兩寬，各生歡喜，前情種種，一筆勾銷。

做好人生加減法，你的生活本就這麼豐富多彩

不知道大家有沒有這樣的感覺：無論是工作日還是休息日，雖然忙忙碌碌一整天，但到了晚上靜下心來想想，自己其實什麼事情也沒有做。

在節奏越來越快的現代社會，我們一方面抱怨事情太多，另一方面卻又什麼收穫也沒有。就在不知不覺間，虛假繁忙一點點地透支我們的生活，讓我們一邊疲於奔命，一邊一無所獲。

時隔多年，我仍然對電影《臥虎藏龍》中的一句臺詞記憶猶新：

當你握緊雙手，裡面什麼也沒有；當你打開雙手，世界就在你手中。

生活中有太多波折，也有太多意難平和心不甘，但越是如此，越要做好人生的加減法。掌握情緒的斷捨離，你的生活遠沒有你感受的那麼悲慘，而它本就這麼豐富多彩。

過年掃除的時候，母親從閒置已久的櫃櫥中翻出了前年在「雙十一光棍節」買的保健品。我依稀還記得這是她熬夜搶單的戰利品，而為了獲得幾塊錢的折扣，她甚至為家裡增添了不少根本用不上的「垃圾」。

「雙十一」是全民狂歡的日子，但真正能做到理性消費，只購買自己需要的商品的人少之又少。絕大多數為了湊滿額折扣的人，已經在不知不覺間陷入非理性消費的泥沼。

前年那一場非理性消費，不僅讓母親花掉了遠超過預算的錢，還因為熬夜得了一場重感冒，前前後後折騰了一個月才復原。

也正是從那時候開始，母親懂得要正視人生，並刻意減少生活中無關緊要的東西。原本像是螞蟻搬家一般愛買東西的她，已經很久沒有購入看起來很有用、實則一無是處的商品了。而當她真正需要某一樣物品時，則會毫不猶豫地購入。

就這樣，母親實現了人生的加減法：加上做決定時的果敢，減去做無用功時的傷神。也是在這樣的一加一減之間，原本一團亂麻般的生活漸漸柳暗花明。

身處於資訊爆炸的時代，有太多無關緊要的資訊洪流瘋狂湧入我們的生活，原本需要優先解決的事項漸漸模糊，而那些根本對生活無關痛癢的瑣事卻大量占據我們的時間。

那些疲於奔命卻一無所獲的人，其實都陷入沒有做好加減法而導致的無用迴圈中。他們在一無所獲中越來越焦慮，然後在焦慮中自亂陣腳，更加無所得。所謂的加減法，就是減去人生中不必要的百分之九十，留下百分百的精力去全身心地應對餘下必要的百分之十。

我聽過一句話：你的好情緒，就是一生最好的風水。

相信在日常生活中，我們都對這句話深有體會。

之前部門主管遴選，最終確定了兩位候選人。如果單論業務能力，老何毋庸置疑是公司的佼佼者，但最終民意選定的晉升者是業務能力同樣優秀，卻稍遜老何的另一人。

意難平的老何找上部門主管，質疑投票黑箱，主管只回了一句：「你帶的小團隊離職率很高，管理階層對你帶領團隊的能力頗有疑慮。」

老何確實是個難得的業務中堅，但因為平素一味追求業績，在帶領團隊方面完全不用心。一年下來，其他小組的成員都很穩定，只有老何的團隊離職率極高，除了老何之外，其他人都洗牌好幾輪了。

老何的壞脾氣在整個公司都不是祕密。在玻璃隔間的大辦公室裡，大家經常能聽到老何嚴聲喝斥下屬的聲音，即便是一些不值得批評的小瑕疵，都會被老何說成影響公司運營的災難。

久而久之，老何成了公司裡人盡皆知的「孤家寡人」，沒有老何的群組永遠是最熱鬧的，而只要有老何在的群組，無一例外都是一片死寂。

心理學上有一個詞，即「情感親和度」，意思是說，那些情緒穩定、待人和善的人，通常在日常生活中更容易獲得成功，有更廣泛的人脈關係；而始終帶著壞情緒、情感親和度不高的人，即便具備相當優秀的個人素質，也會在職業發展的道路上迅速步入死局。

生活中有太多瑣碎的牽絆，更有無數點燃情緒的瞬間，但在情緒出現的當下，請先認真思考一下：這樣的事情是否值得爭吵？我的時間能否用來爭吵？

人生可以有千百個小插曲，但只要你時刻記住自己想要的是什麼，時刻明白自己的目標是什麼，有些不必要的彎路就根本不用走，有些無所謂的情緒根本不必要產生。學會情緒斷捨離，讓你的人生輕裝上陣。

大概是身為情感作者的緣故，我聽過很多人的苦樂悲歡。每個人的悲歡雖然不盡相同，但絕大多數人的痛苦本來可以避免；絕大多數人的煩惱都是自我紛擾。

也許此刻的你正處於「春風得意馬蹄疾」的快意時刻，又或者你正經歷「屋漏偏逢連夜雨」的艱難時期，但你要知道，這些都不過是人生的一個階段而已，請懷抱著平常心挺過去。

生活實苦，世界上的每個人都在盡全力生活著，你也一樣可以靠自己的力量活出精采。等到千帆過盡，你歸來仍是少年。

愛自己，是終生浪漫的開始

之前讀傳記《上海生死劫》，我對作者鄭念波瀾跌宕的一生十分感慨。這位出身名門，早年留學英國的名媛雖然曾被誣陷入獄六年，而後又遭遇喪女之痛，但終此一生她都保持著淡泊從容的心境。

骯髒汙穢的看守所裡，過慣了錦衣玉食生活的鄭念跟獄卒要來清水仔細打掃；冗長無聊的羈押期間，她讀《唐詩三百首》來消磨時光。所有的折磨和苦難到了鄭念這裡，彷彿都自慚形穢。這位享年九十四歲的名媛就像是春日的暖陽，既溫暖自己，也普照他人。

從一個人的日常生活足以看出他的為人，唯有真正愛自己的人，才能讓無論多麼亂如麻線的生活都變得井井有條。

王爾德（Oscar Wilde）說：

愛自己，是終生浪漫的開始。也唯有從愛自己開始，才能懂得如何愛別人。

我對電視劇《我的前半生》中羅子君的形象記憶猶新。步入婚姻殿堂後，羅子君便在精英丈夫陳俊生的支持下，安心地回歸家庭，做個盡職盡責的全職太太。

然而丈夫卻發生了婚外情，這個早已習慣被丈夫圈養的女人終於從美滿婚姻的夢境中醒來。面對自己早已脫節的職場和社會，羅子君一度陷入迷惘和絕望，她忘了自己也是一流大學畢業，自己也曾擁有過人的能力和扎實的專業知識。生活的巨變，加上難以適應職場，經歷雙重打擊的羅子君陷入了自我懷疑。

生活永遠是自己的，前夫陳俊生如願以償和第三者凌玲在一起後，意識到自己不能再頹廢下去的羅子君開始痛定思痛，並在閨蜜唐晶的幫助下慢慢走出生活的陰霾，迎來自己的職場春天。

陷入迷惘的羅子君像極了日常生活中的絕大多數人，我們想過更好的生活，卻又出於種種原因而自我否定，正是在這樣的矛盾心理下，我們怯懦又沮喪。

一個沒辦法打理好生活的人，通常不是真正愛自己，因為這樣的人往往不知道自己到底想過什麼樣的生活，只能在得過且過中，日復一日地蹉跎人生。時光飛逝，若是選擇將人生都交付給那些無關緊要的人和事，我們的生活也將隨之變得庸碌無為。

真正的愛自己，是好好把握生活中每一次可以讓你變得更好的機會，那些曾經的傷痛都會隨著時間褪去，你要做的，就是用日後的優秀來回敬曾經的苦難。

還記得《我的前半生》中，當王者歸來的羅子君再度站到陳俊生面前時，這個曾經視妻子為累贅的男人突然意識到羅子君的優雅知性而心生悔意。

人的一生會有各式各樣不愉快的經歷，而愛自己，並讓自己更優秀，就是對那些討厭你的人最好的回擊。

之前收到一位讀者朋友的來信，她戀愛的次數不少，但每一次都是短暫接觸後迅速失敗而告終。起初聽她的描述，我並沒有發現問題所在，直到有一次無意間看了她的社群動態。

這位讀者的動態更新通常都是在凌晨，更新的內容大多是吐槽和立Flag（目標）。比如，她二〇一七年說自己一定要通過職業資格證考試，可二〇二〇年的新年目標裡依然寫著這個Flag；前天說自己以後一定要早睡，然後昨天半夜十二點，她還在社群裡更新了一條遊戲動態。

沒辦法掌握自己生活的人，又談何真正地愛自己呢？一個不愛自己的人，又如何期望得到別人的愛呢？

因為寫作的緣故，我的社群裡有不少因為寫作而結緣的陌生朋友，我也透過他們的動態看到不一樣的人生。

何鵬是一位登山愛好者，他雖然幾次三番強調自己是個不解風情的直男，但每天風雨無阻地在早上六點起床，每週一次的登山訓練讓他變成社群裡有名的自律狂魔。當自律變成一種習慣，何鵬的生活也開始發生天翻地覆的變化。

鍛鍊帶來的氣質變化讓何鵬變得有稜有角，充滿活力的個人氣場也讓他在無意間收穫了不少芳心，果然沒有等太久，這位自嘲不會有對象的男生找到了真愛。

愛自己的人通常都有這樣的魔力，他們十分吸引人，讓周圍人忍不住想靠近，並充滿興趣地想從他們身上找到答案，因為這些人通常很有自信，而且充滿向上的生命力。這樣的人天生就會給人安全感，跟他在一起感覺很踏實。

愛自己是一種修行，也是一種成長。我們曾困頓於生活的種種不如意，更對很多雞毛蒜皮的小事耿耿於懷，但當你意識到生命不應該被浪費的時候，就會從心底油然而生一種想要改變的想法，這會支持你往越來越好的方向發展。

優秀的靈魂總是惺惺相惜的，在你不斷變好的過程中，你邂逅的不僅僅是越來越好的自己，還有更多融洽契合的靈魂，你的朋友圈、交際網也會在潛移默化中完成升級。

當你在山腳下時，你所能看到的，不過是近處的花草山林，你會因眼前的安逸流連，會因一時的沮喪而傷春悲秋；但當你歷經成長的陣痛，努力登上人生高峰後，你會看到花開花落的淡然隨和，會了悟雲捲雲舒的平靜豁達，你終會收穫最好的自己，也收穫最好的人生。

愛自己，是終生浪漫的開始，也是你人生變得越來越好的開始。

當你適應了孤獨，你就學會了和自己相處

我對金庸小說《射雕英雄傳》裡的老頑童周伯通印象深刻。和爭名逐利的武俠江湖相比，周伯通就像是一股清流，整天瘋瘋癲癲，到處找樂子。但偏偏是這樣一個片刻靜不下來的角色，被金庸設定了「困居桃花島十五年」的背景。

若按照常情度之，天生好動的周伯通應該會在困居山洞後沒多久，就因為過於無聊而一頭撞死，畢竟像他這樣的人根本受不了半點寂寞。但讓所有人意外的是，等到郭靖遇到周伯通的時候，這位老頑童非但沒有化為枯骨，反而在孤獨寂寞中自創了空明拳，更發明了「左右互搏術」。

因此多年以後再讀《射雕英雄傳》，我不再羨慕周伯通前半生的天真無邪，反而對蹉跎光陰十五年後的周伯通敬佩萬分。

人類作為社會性動物無法忍受孤獨，絕大多數人都會在孤獨寂寞中釋放出內心壓抑許久的情緒，但如果你適應了孤獨，就學會了如何與自己相處。

周伯通的前半生只是個貪玩長不大的人，而他的後半生才是「華枝春滿，天晴月圓」的完人。可惜現實生活中，絕大多數人往往終其一生都只能和周伯通的前半生一樣，沉浸在喧鬧之中，自以為找到了內心的方向。

大學時期，我經常跟一位高中好友聯繫。作為南方人，好友為了「見世面」硬是把志願填到北方，但他沒料到，南北方的差異會讓他長期陷入痛苦。

因為飲食、環境、文化等各種因素的差異，好友一入學就和宿舍其餘三個北方人自動劃分成兩個陣營。比如：北方人早已習慣大澡堂的洗澡方式，而這對害羞的好友來說實在是太難接受了；北方人的飲食口味偏重，而好友則是清淡的南方口味。這些看似小小的差別卻讓好友一度陷入自我懷疑。

「如果不合群的話，在人生地不熟的地方，應該很難混下去吧。」因為我隨口的一句話，好友開始想方設法地逼迫自己去接受那些不同，即便是重口味的食物讓他吃到想吐，臉上長滿痘痘，他也認真地給自己「洗腦」。因為害怕「孤獨」，好友強迫自己變得跟北方人一模一樣。

這樣的堅持直到他因為吃壞肚子被送進醫院才打破。一個在床邊陪了他整晚的北方室友說：「你沒必要非得跟我們一樣，你可以按照自己的方式生活呀！」

就像是久霾的天空突然透進陽光，好友意識到自己在試圖擺脫孤獨的過程中，也漸漸喪失了自我。

孤獨本身並不可怕，可怕的是，偏離了人生原本的方向。我們以為逃避的是孤獨，卻不知道我們逃避的，其實是自己。

中國現代作家、文學研究者錢鍾書窮極一生編纂出曠世巨作《管錐編》後，因為閱讀門檻極高，很多人看了一頭霧水，更有人出言詆毀錢鍾書是個只會掉書袋的老學究。

面對這樣的指責，錢鍾書沒有做過任何回應，他依舊每天靜靜地坐在書房裡，從浩渺書海中引經據典，為後世人留下一部足以彪炳千秋的鴻篇巨制。

余秋雨說：

你不懂我，我不怪你。

愛情中如是，生活中亦如是。每個人都渴望得到認同，但也清楚知道，我們沒辦法讓所有人認同，更沒辦法得到所有人的理解。在絕大多數情況下，我們連得到小部分人的認可都非常艱難。

我們常常會羨慕小時候的自己，無憂無慮，到處都有朋友，而長大後不僅越來越形單影隻，而且內心的諸般情緒也無處訴說。漸漸地，我們就會明白，孤獨才是人生常態，即便是朝夕相處的夫妻都難做到心心相印，更何況是生命中匆匆而過的人？

所以，當你感到孤獨的時候，千萬不要認為是自己出了問題，因為生命中總有那麼幾個時刻，喧鬧會停止。

不必驚慌於自己的孤獨，因為這是身體停下來等待靈魂的過程，在此期間不妨想一想，過去繁忙的生活中，是否有執念許久卻遲遲未做的事情？是否有想念許久卻遲遲未見的知己？如果有，那麼不妨趁著機會給自己放個假。

之前讀《明朝那些事兒》的時候，只覺得王圖霸業、帝王將相的故事非常有趣，但真正讓我留下印象的，還是在這部系列書的最後，作者當年明月（石悅）沒有以任何一個帝王或者將相作結，而是以一介布衣徐霞客作為系列的結尾。

和古代學子必考功名不同的是，徐霞客選擇了以雙足丈量天下的人生之路，在所有人的怪異眼光中，這位年輕人把一生的時間都交給了祖國的大好山河。

那麼多日日夜夜餐風露宿，都在徐霞客帶著好友骨灰抵達雞足山的時候，得以圓滿。那是一次安靜孤獨的夜宿，徐霞客帶著僕僕風塵，倚在山寺之巔，望著滿天璀璨星辰，聽著山谷中縹緲的誦經聲，他發出足以描繪他一生的感慨：「此一宵勝人生千百宵。」

孤獨的徐霞客在雞足山那一夜，得到了他一生想要追求的答案，而數百年後，我們還在喧鬧浮躁的現實生活裡迷失自我。

其實，那些我們以為的孤獨、不合群，才是我們真正想要的生活。人生不必孤獨，但人生也無懼孤獨，當你適應了孤獨，就學會了如何與自己相處。

此一宵勝人生千百宵，此一生勝人生千百生。

講真的，這才是分手最好的狀態

大四實習的時候，在公司裡被安排跟著學姐負責某個專案。而在我眼中一向寵辱不驚的學姐，某次與客戶會談的過程中，突然有些失態。

事後我才明白，當時坐在學姐對面的那個男生是她的前任，雖然他們之間的故事我不甚了解，但我知道是那個男生先提分手的。

對那個男生來說，這個專案是他畢業後接手的第一個專案；對於學姐來說，這不過是一個可有可無的案子罷了。當時公司裡所有知情人都懷著看好戲的心態，想看看學姐怎麼用職務之便回擊。

可讓人意外的是，學姐出乎意料地在主管面前推薦了這個專案。用學姐的話來說，雖然這個案子並不大，但是以她對前任的了解，他有很強的執行力，換言之，這個案子的成功率極大。

當下所有人心中都出現一個念頭，那就是學姐對前任餘情未了。

直到有一次下班和學姐同車回去，學姐解釋了這件事情，她說：「我對他早就沒感覺了，但這不代表我要待他像個陌生人，甚至對他充滿敵意。不是所有分手都要趕盡殺絕，對待前任最好的方式應該是彼此成全，互不打擾。」

這也是為什麼，後來那個男生找學姐吃飯，學姐並沒有去，他們之間的交流也只剩下工作上的一些溝通而已。

很多人都說，不能跟你走到最後的都是錯的人。換言之，如果一段感情到最後分手的話，那麼彼此之間一定有錯。

其實感情哪有什麼對錯，除卻出軌、劈腿之外，絕大多數感情破裂的原因，都是彼此的價值觀不合，那麼是否要將價值觀不合定義為錯誤呢？

愛情是沒有對錯的。

只不過往往愛得更深的那個人，會在分手的時候感到無比痛苦，他首先會自我懷疑：到底自己是哪裡做得不夠好，才讓對方提出分手。

而當他左看右看找不到錯誤時，又會將錯誤的矛頭指向對方：一定是對方錯了，才會跟我分手。但事實並非如此，因為我們不能用付出多少來衡量對錯。

我跟前任分手，是在她回國後的第二個星期，當初確認關係時，她已經去了日本。

我們透過通訊軟體聊天，維持了大概三個多月的跨國戀，而我對她的追求則是從大一下學期到大四下學期。追求了三年，談了三個多月的異國戀，然後兩人第一次逛街結束後，她就跟我分手了。

剛分手的那段時間，我一直在想，到底是自己哪裡做得不夠好，以至於到了分手的地步。可是我想來想去也找不到原因，於是下意識地將她定義成拜金女，一定是我沒車沒房，沒有好的工作，她才會提分手。

後來我想明白了一件事：有時候分手不一定需要理由，只不過是因為不合適。

這個世界上有兩種前任。

有一種會因為你的物質匱乏而選擇跟你分手，當你功成名就後，她知道了你的近況會後悔不已；而第二種，無論你是貧是富，是貴是賤，她都不會回頭，因為她離開你的原因是她不愛你，與其他無關。

在那之後，每當有人提起前任，或是在安慰我時詆毀前任，我都會下意識地為她辯護。我知道她是個好女孩，身上有很多閃光點，所以即便分手以後，我也不能讓別人詆毀她。

其實感情這件事很難涇渭分明，因為一旦涉及愛，人往往就會帶著霸道，帶著自私，帶著利己主義。

因為你不喜歡我，所以我覺得你這個人很差勁，別人說你壞話時，我會帶著一種得不到的報復感，在其中添油加醋。不為別的，只為我樂於見到你陷入流言蜚語中的窘迫。

可是時間一久，你就會發現，用詆毀的方式來噁心前任，實際上是在噁心自己。畢竟你得有多差勁，才會喜歡上一個這樣的人呢？

電影《前任3》中說道，分手應該體面。那麼什麼才算是體面呢？

有人說，所謂的體面就是斷得一乾二淨，全身心投入下一段感情裡；也有人說，所謂的體面應該是將和前任的這段感情珍藏在心底，不必說出來，只要緬懷就好；還有人說，所謂的體面就是相互懷念，互不打擾。但我認為，這些都不算夠體面，真正的體面應該是彼此成全，互不打攪。

愛情的最高境界是彼此成全，而分手的最高境界也應該是如此。在一起的原因，是為了讓彼此變得更好，讓彼此變得更幸福；而分開的原因，也是為了彼此成全，互不耽誤，各生歡喜。

都說離開了紫霞仙子後，至尊寶才變成真正的孫悟空；但是不要忘了，即便是用離開的方式，也是紫霞仙子成全了至尊寶。

是前任教會了我們應當溫柔待人，是前任教會了我們應當多點耐心。

網路上有一句話：我把他身上所有的稜角都磨平後，他卻走入了另外一個人的懷抱。可你不要忘了，在你磨平他的稜角的同時，他也正一點一點地改變你。這些改變，也許會成全你的下一段感情，畢竟人生中遇到的每一個人都是貴人，走過的每一條路都算經歷。

所以，如果真的要分開的話，請務必記住一句話：最體面的分手應當是彼此成全，互不打攪。

別再秒回交往對象的信息了

網路上有人這樣定義對象在自己心中的地位：你就是那個即便是我在洗澡，接到你訊息都會擦擦手秒回的人。

在現代青年男女的戀愛觀裡，秒回已經變成情侶恩愛的象徵，也成為男女印證自己是否遇見真愛的重要指標之一。因為真正愛一個人，無論在什麼時候，只要對方發了一條訊息都可以秒回，而那些沒有辦法秒回，或者是沒有秒回的對象，通常都會受到以下質疑：

你不是說，我是你生命的全部嗎？為什麼連秒回都做不到？

陪伴是最長情的告白，秒回是最貼心的等待。很顯然，你並不愛我。

……

然而即使越來越多人將秒回視作愛情永固的象徵，我還是要勸你，別再秒回訊息了。

同事歡歡這段時間經常和男朋友生氣，她最近一次生氣是因為男朋友沒有及時回覆歡歡在下午發給他的訊息：「親愛的，今晚想要吃什麼？」

歡歡的男朋友是某上市公司的業務，每天就是不斷地打電話、拜訪客戶、出差。因為工作的緣故，男友在上班時間不會使用私人電話，所以每次回覆訊息基本上都已經相隔很久了。

那天回到家後，男朋友發現歡歡什麼吃的都沒有為他準備，勞累一天的男朋友開始發牢騷，而面子有些掛不住的歡歡則針鋒相對地回擊。結果就是兩個人大吵一架，然後不歡而散。

「當初他追我的時候，不要說是秒回訊息，只要一個電話，無論什麼時候他都會趕到我身邊。可是現在呢？總是以工作忙為藉口不回我訊息，我知道他是得到之後，就開始嫌棄我了。」

歡歡的哭訴讓我想到一句話：再聰明的人一旦陷入愛情，都會變成傻瓜。準確來講，應該是每一個陷入愛情的人都會變成敏感的傻瓜。

當愛一個人越來越深的時候，就會忍不住猜想對方某個時刻在做什麼，然後強大的好奇心和依賴感也會驅使自己不斷去了解對方。和男生相比，女生天生缺乏安全感，所以她們對於深愛之人的想像力也比男生更強大。

在網路上看過一組對比圖。女生沒有秒回男朋友訊息的話，男生不會多想，甚至會因為沒有女朋友打擾自己打遊戲而樂得輕鬆。但是男生沒有及時回女友訊息的話，女生通常會腦補一齣當代陳世美的大戲，結果就是越想越生氣，越生氣就越打電話、發訊息，越不回就越生氣，如此陷入無限迴圈裡跳不出來。

身邊有不少女生雖然嘴上說不需要對方秒回，但心裡卻十分介意男友沒有秒回，因為在不少女生看來，不秒回是不愛自己的表現。落差感是戀愛中的女生最不願意遇到的，她們最怕的是你在沒把握追到手之前對她百依百順，而成為你的女朋友後，你又對她敷衍。對於這樣的落差，除了能想到你不愛我之外，再也想不到別的原因了。

男生在追求異性的時候，可以記住心愛之人的生日，可以放下一切陪她度過每一個有紀念意義的日子，但是追到手後，那些特殊的紀念日就忘得一乾二淨，有時候連生日也毫不關心。

很多女生都對這樣的落差充滿懷疑，並對眼前這個口口聲聲說愛自己，卻越來越冷淡的人產生厭惡。但我想說的是，大部分男生的浪漫都只會在追求的時候顯現出來，等一切水到渠成，他的心思就不會全部放在你身上。這並不代表他不愛你，而是人性使然。

所以我要勸你的是，千萬別養成秒回的習慣，因為沒有一段愛情，可以從始而終保持初戀的熾烈。

當你開始不再依賴對方的秒回來印證自己的愛情時，才是愛情脫離幼稚，進入新階段的標誌。

不秒回的背後，是對彼此的絕對信任，也是在這段感情裡讓自己保持靈魂獨立的重要手段。你在我身邊時，我們恩愛如初；你不在我身邊時，我也從未索然無味。

另一個同事柳丁和男友之間的戀愛被我們笑稱為「佛系戀愛」，兩人因為工作性質不同，經常會出現柳丁在上班、男友在補眠的情況。而等柳丁下班回家時，男友已經在梳洗準備去上班了。

這兩人就像太陽和月亮一樣難以一起出現，更不用說發訊息能秒回了。在柳丁身邊有不少自稱戀愛達人的同事，他們都很嚴肅地對柳丁說：「戀愛最重要的是陪伴，如果對方連這一點都做不到的話，你們還怎麼在一起？」

每當聽到這種話，柳丁都一笑置之。而讓所有人吃驚的是，一年以後，柳丁在辦公室發訂婚喜糖，並告訴所有人她和男友會在年底結婚。和他們戀愛時的狀態一樣，連結婚都這麼悄無聲息。

身邊有人勸柳丁，婚禮一生只有一次，怎麼說也要大辦一場。但柳丁卻絲毫沒有改變最初的想法，只打算簡單邀請一些密友和親朋。

不是只有轟轟烈烈、充滿儀式感的戀愛和婚姻，才會幸福；細水長流、平靜如水的戀愛和婚姻，也能擁抱幸福。

受到許多自媒體情感文荼毒的緣故，現在越來越多青年男女都無比重視戀愛和生活中的儀式感。

生活要小資，戀愛要浪漫，不優雅就是沒文化，不秒回的伴侶都是耍流氓。但事實上真的是這樣嗎？只有小資生活才算是生活？只有浪漫戀愛才算是戀愛？當然不是！

愛情的完美結局只有一種，就是兩個相愛的人最終幸福地走到一起。不管過程如何，重要的是有情人終成眷屬。而那些非要讓生活和戀愛隨時隨地充滿儀式感的人，往往會忘了最初讓兩人走到一起的靈魂悸動到底是什麼感覺。

所以，答應我，別再秒回訊息了，也別再要求男朋友一定要秒回訊息了，好嗎？

別去糾纏那些已經錯過的愛情

逛社群的時候，看到有女孩吐槽自己的追求者：追自己追了四年，但四年間談了四場戀愛，也不知道對方是把自己當成深情的證明呢？還是純粹逗自己玩？

有共同好友在下面留言：那你答應過做這個男生的女朋友嗎？

那女孩非常瀟灑地回答：「怎麼可能？跟這種渣男交往不是很可怕嗎？」

不知道為什麼，我覺得這女孩也好不到哪裡去。

在我們身邊就是有這種人，即便不喜歡對方，卻仍然想把對方當成自己的附屬品。

換言之，我雖然不能做你的女朋友，但你必須要對我盡男朋友的義務。我無法判斷那個四年談了四場戀愛的男生，本質上到底是不是渣男，但我想說的是，這個女孩用男朋友的標準去要求追求者，是不正確的。

上大學的時候，我特別喜歡外院的一個女生，她是高我一屆的學姐。大三的時候，學姐就幾乎把大學生可以拿的獎都拿完了。更重要的是，她是屬於那種成績好、長得又好看的女孩，所以身邊有一大票追求者。

當然，在這麼多追求者中，絕大多數到最後都知難而退，就只有那麼幾個堅持了很多年。學姐在本校讀完研究所畢業的時候，有人問學姐遇到的這麼多追求者中，是否有一個人曾讓她動過心？

學姐想了很久，說出了那個人的名字，在場所有人都表示不可思議，因為那個男生追學姐第三年無果後，就轉身投入別人的懷抱，兩人直到畢業感情都很穩定。

不過學姐在那之後說的話，直到今天我仍記憶猶新。

「很多人都勸我，像他這樣轉投別人懷抱的男人，一定是個渣男，完全沒必要為了失去他而難過。但我卻不這麼看，我覺得他是個好男生，在追我的過程中對我很好，就像是男朋友一樣。

「但是，他只是像，並不是我的男朋友。我沒有義務要求他在追我的過程中，一定要擔負起男朋友的義務。在我沒有接納他成為我的男朋友之前，我沒有資格限制他和別的女生戀愛交往。」

幼稚的愛情都是利己主義的，但隨著年歲漸長，我們都應該明白，真正成熟的愛情是理性主義的。

我沒辦法接納你做我的男朋友，也沒辦法給你我的全部。所以，不論你是立刻轉身離開，還是半途而廢，都是你的選擇。

那些半途而廢的人，難道就是假的愛情嗎？

當然不是，愛情就像植物生長一樣，有的在萌芽期就泯滅，有的在盛開到一半時枯萎，但這就是愛情，它來過，只不過走了而已。

電視劇《愛情公寓》裡有一段搞笑的對話：

「每個人都希望自己的前女友，對自己欲仙欲死。」

「錯，是要死要活。」

其實，這段對話同樣可以套用在那些追求者與被追求者身上。身邊很多人都有這樣的感受，他們一方面享受著被追求的快樂，一方面又不願意答應對方。然而當那個人離開時，不少人會心生芥蒂，覺得對方並不是真正地愛自己，甚至是渣男一個。

其實真正的邏輯應該是：在我沒有答應做你的女朋友之前，你隨時都有權利去追另一個女生，而我除了祝福之外，什麼都不應該做。

沒有人的深情應該被辜負，同樣的，沒有人必須做備胎。不是所有的放棄，都是虛情假意；也不是所有的離開，都是渣男本質。

在節奏越來越快的現代社會裡，時間成本在男女交往過程中也變得越來越重要。當你決定在一個看起來毫無投資報酬率的人身上傾注大把時間、去追求對方的同時，實際上是在冒極大的風險，因為在追求的漫長歲月裡，也許你會錯過很多人。

所以作為被追求的對象，請不要在對方看不到任何希望決定放手的時候，再調轉槍頭對他說一句：「如果當初你再堅持一下，也許我就做你女朋友了。」

這句話毫無建設，還會讓人鬱悶，而說這話的人才有渣的本質。

我曾在網路上聽過一個女生哭訴：「他追我三年，我都已經習慣他的存在了，為什麼他突然就去喜歡別的女生了呢？明明他說很愛我，怎麼可以突然愛上別人？他對得起我嗎？」

是啊，你習慣他的存在了，喜歡他以一個非男友的身分，做著男友該做的事情，你不需要付出，只需要享受。

但這對他而言不是愛情，這叫跪舔。

真正的愛情應該是什麼樣的？

我喜歡你，你也喜歡我，我們都願意為彼此犧牲一些東西，摒除掉所有的雜念，兩個人一路走下去。在這期間我們也許會遇到各種波瀾，也許會因為某個微小差錯而最終分開，但這並不妨礙我們曾經真正地愛過。

就像作家張嘉佳所說：

有的愛情自然發生，有的愛情無故消失。當發生的時候，請務必把握，當消失的時候，也不必驚訝。

畢竟愛情可以等待，但愛情經不起等待。那個一直在等你給他回應的人，在心徹底涼透的時候自然會走。

你沒有必要去評論他，你只需要祝福他就好，畢竟他曾經那麼真切地愛過你，而你卻什麼都沒有給他。

最後，如果有一個人告訴我，在追我的這些年裡，也談過幾場戀愛的話，我想說的是：「我和你之間的故事已經到了結局，花開兩朵，天各一方。我由衷地祝福你找到那個對的人，但我也從來不後悔，自己沒有答應你。」

愛情裡的AA制，真的值得嗎？

有讀者發私訊給我，吐槽她的男朋友是個不折不扣的摳男。因為男友總是堅持男女之間AA制，她對此雖然心裡不舒服，但勉強還能接受。不過前兩天兩人去酒店，臨出發前男友發訊息給她：「上次保險套的錢是我付的，這次你買保險套吧。」

就是這一句話，讓她頓時說不出話來。最後那位讀者朋友問我：「像這樣的男友，還有沒有相處下去的必要？」

網上有一句話非常夯：為你花錢的男人不一定很愛你，但不為你花錢的男人一定不愛你。

雖然現在男女交往AA制已經逐漸成為常態，但如果連保險套這種東西都實行AA制的話，那這個男人一定不愛你。說得再決絕一點，他一定是個奇葩。

前兩天看《奇葩說》，聽到導師薛兆豐這樣解釋男女關係。

他將男女雙方的婚姻比作是創辦企業，雙方是合夥人，一起拿出自己的資源來創業，因為給出的資源包不太一樣，所以他們發揮作用的時間、節奏也不盡相同。傳統上來說，女性會付出得早一點；而男性的作用則比較晚，屬於大器晚成。

其實同樣的觀點也可以用在戀愛上。

因為和男生相比，女生在戀愛的戰場上始終處於弱勢和被動，她們在生理和心理上付出的東西，都比男生付出的要多得多，所以千萬不要將男女交往過程中的一切付出都AA制。因為你要知道，有很多事情是無法AA的。

莎士比亞說：

女人是用耳朵戀愛的，而男人卻是用眼睛來戀愛的。

如果戀愛中的女生發現，眼前這個她所深愛的人沒有提供愛給她，反而是冷冰冰的、絕對的利益分配，久而久之她自然會對眼前這個人感到陌生。

而愛情發展至此，離分手也就不遠了。

但凡感情哪有不付出的？男女雙方選擇戀愛就是相互博弈的過程。任何一方都有可能在某一個情感階段付出得多一點，而能夠維持這種不平衡的付出關係且不崩潰的話，勢必是因為付出少的一方非常愛對方。

愛情的極致不是相互索取，而是相互成全，我成全你的地久天長，你成全我的兩情相悅。

張小嫻在《流浪的麵包樹》中說道：

寧願高傲得發霉，也不要委屈地戀愛。

之所以戀愛，是因為我愛他，他也愛我，我跟他在一起的時候會感到快樂，如果連在戀愛的過程中都委屈到想哭的話，那麼這一定不是戀愛，而是歷劫。

大學畢業兩年後，我和宿舍兄弟阿凱在陌生的城市裡偶然相逢，兩個人談起往事。阿凱說現在覺得自己大學的時候真的很傻，總是妄圖用卑微來換取愛情，但卑微到最後就是一味退縮，退到萬丈深淵，然後萬劫不復。

阿凱大二的時候，愛上外校的一個女孩，那女孩很高冷，高冷到連接受阿凱的愛，都冷冰冰得讓人覺得陌生。

那之後，對於阿凱而言就是長達一年半的煎熬。每天早上七點五十上課，阿凱會在六點鐘起床，然後在學校早餐店買好早餐，騎車去女生所在的學校找她。

在她睡眼惺忪的時候，阿凱遞上溫熱的早餐，然後他所能得到的，只有女生的一個微笑，收到微笑後，阿凱就該回去上課了。

是什麼讓阿凱堅持送了一年半的早餐？我想一定是愛吧。只不過這樣的愛是單方面的，無法得到對方的回應。久而久之，本該由雙方呵護的愛情終究因為無法得到足夠的養分而默然枯萎。

分手是阿凱提出來的，女生很詫異，她問阿凱：「你確定嗎？我再給你一次機會。」

正是這句話讓阿凱原本搖動的內心澈底堅定下來，他說：「你看，連分手的時候你都這麼冷冰冰的，跪得久了我也想站起來。」

恰當的愛情就像春風，可以讓萬物生長；錯誤的愛情就像凜冽的寒風，可以湮滅一個人所有的生機。當我們遇到錯誤的愛情時，最好的辦法就是當斷則斷。

愛情不是打架，不是捏著對方的痛處不放，而是呵護。知道對方的痛處在哪裡，然後擋在他的前面，成為他的鎧甲。

青年男女在感情中遇到的最大問題，就是太喜歡計較。

為什麼我要付出這麼多，對方就可以坐享其成？但你要知道，愛情本質上不是值不值得，而是願不願意。

希望你能遇到這樣一個人：你拚命地付出，在愛情裡漸漸成為那個付出多、收穫少的人，而他會一言不發，然後開始用盡全力地愛你；等到他愛你比你愛他更多時，你又開始努力地比他愛你更愛他。

就在這彼此的較勁中，你們度過了愛情的青澀，擁抱了生活的本質，平穩地將愛情過渡到婚姻，然後攜手一生。

毛姆（William Somerset Maugham）的《月亮與六便士》（*The Moon and Sixpence*）裡有一句話：

我覺得你很像一個終生跋涉的香客，在尋找一個很有可能不存在的神廟。

那麼，什麼是愛情呢？

那就是，我知道你終身跋涉尋找的那座神廟並不存在，但我會在你必經的路徑上，用我的一生去搭建一座你幻想中的神廟。

Part Two

婚姻的幸福，大部分來自於自己

我其實很高冷的，只是你不一樣

不知道大家有沒有聽過這樣一句話：世界上哪有什麼高冷的人，只不過暖的人不是你。

每個人年輕時都會遇到一個人，讓你情不自禁卸下偽裝，讓你不知不覺朝他靠近。就像歌詞中寫的那樣：為了這次相聚，我連見面時的呼吸都曾反覆練習。

在那段卑微又幸福的時光裡，我們就像是失去靈魂的玩偶，所有的喜怒哀樂全繫在一人身上，即便那人也許從頭到尾什麼都不知道。

我大學時曾經暗戀過一個會彈鋼琴的女神。每週五下午四點鐘，女神都會坐在琴房靠窗的白色鋼琴旁練習。陽光從貼著六菱花紋的窗戶投射進去，落在她披肩的長髮上，落在她白皙的皮膚上，更落在她不斷跳動的手指上。

我其實是個沉默寡言的人，從來不願意跟旁人多說一句廢話。可是每週五我為了聽女神彈鋼琴，都會編出一堆鬼話去求老師容許我翹半節課。為了哪天女神可能抬眼看到我，我每天都在反覆練習自己的開場白，可是我一直練到女神找到自己的男朋友，都沒有機會開口。

直到三四年後，我仍然能一字不差地背出那段反覆練習了幾百遍的開場白，而室友們也不止一次拿這件事取笑我，說從未見我說過這麼長的句子。

他們笑他們的，只有我自己知道，那段時間的我已經不是我了。

愛情大致分為兩種。第一種，也是絕大多數的情況：愛情會讓人不再是自己。也許我是南極亙古不化的冰原，只要你一個微笑，不用春暖我自融化。

後來我仍然常去聽女神彈鋼琴，但早已不抱女神眼瞎會看上我的野心了，只是純粹去看看她。看看她近來練的那首《藍色多瑙河》是不是更熟練了；看看霜寒露重她是否感冒了；看看她有沒有很幸福……

後來因緣巧合，我成了女神很好的朋友。

我本以為女神永遠都是頷首微笑，即使笑得傾國傾城，也總是讓人有距離感，直到我看到她跟男朋友的日常。

原來女神也可以被人叫作小傻瓜；原來女神也可以像個小女生般躺在別人懷裡；原來女神一點也不高冷。

有一次我終於忍不住稍稍表露了自己的心聲，剛剛還在笑著跟我調侃男友不解風情的女神突然收起笑容，飽含深意地看著我，緩緩說道：「你不是他。」

我在那一刻才真正明白了那句話：世界上哪有什麼高冷的人，只不過暖的人不是你。

周星馳的電影《齊天大聖西遊記》中，紫霞仙子有一段十分經典的臺詞：

「我的意中人是一位蓋世英雄，有一天他會踩著七色雲彩來娶我。」

隔了這麼多年，我再看這句話時，卻有了不同的想法。我想就算沒有七色雲彩，就算來的是個沒文化、武功差的至尊寶，紫霞仙子也一定會義無反顧地嫁給他，不為別的，只因為他是自己深愛的至尊寶。

在沒有遇到一生所愛的時候，我們每個人都喜歡在幻想中給那位還沒出場的伴侶設下很多苛刻的條件。

男生得有房有車，身高起碼要一七五，年薪二十萬人民幣……

女生得長得好看，乖巧聽話，最好是高高瘦瘦的……

可是當那個人出現了，你就像是深陷迷霧許久，突然眼前豁然開朗。

只要是你，什麼標準我都不管了。

愛情其實還有第二種，也是極少數的情況：愛情讓人變回自己。

遇見你之前，我是南極亙古不化的冰雪；遇到你以後，我仍是那冰山、那蒼雪，只是冰雪上多了你深深淺淺的足跡。你踏雪而來，我分明還未春暖花開，卻不知為何心裡暖意盎然。

張宇在網綜《火星情報局》中說過一段話：

男女在一起一段時間後，女孩子還能保持自己原來的任性、霸道或者不講理，那就表示她遇到了一個好男人。

我外祖母的娘家在一九四九年以前，是當地赫赫有名的大地主，而外祖母作為最小的女兒也被人稱為錢家三小姐。因為媒人說得天花亂墜，這位錢家三小姐下嫁給身為落魄地主後代的外祖父。在那個年代，哪有嫁出去的女兒再回頭的道理，可是老老實實的外祖父為了不讓如花似玉的老婆受苦，開始瘋狂賣苦力，從一窮二白，到給外祖母蓋了三大間寬敞的瓦屋。

不僅如此，外祖父也盡可能地滿足外祖母的要求，春天的紅色頭繩，夏天的黃色涼帽，秋季的粉色暖褲，冬日的絳色棉襖。有些東西外祖母還未來得及開口，外祖父就已經送到她的面前。直到很多年以後，我從這對九旬老夫妻身上可以明顯地感覺到，歲月把本該刻在外祖母身上的皺紋，都狠狠刻在了外祖父的身上。

外祖母還保持著年輕時的小姐脾氣，時不時嫌棄外祖父彎如山脊的駝背，時不時指責外祖父越來越不靈活的手腳。可是罵著罵著，外祖母就會伸手去扶這位為她擋了半世風雨的愛人。

外祖父臨終前，外祖母不去管亂成一團的晚輩們，而是小腳蹣跚著走到外祖父身邊，摸著他滄桑如枯枝的手，輕聲囑咐：「你好好走，不要擔心我，沒事的，沒事的……」

外祖父的喉嚨裡發出「呵呵」的聲音，沒有人知道他要說什麼，一直很堅強的外祖母終於忍不住落下淚來。

「荷荷……荷荷……」

彷彿又回到了七十幾年前的雪夜，外祖父怯生生地推開門，看到如花似玉的外祖母面帶慍怒地坐在破舊的草屋裡。

「錢玉荷，荷荷……荷荷……」

愛情總是會改變人，兩個人相愛總要有人做出犧牲。
我愛你，所以我會變得很囉唆。
我愛你，所以從前的高冷、曾經的標準都可以不要。
我愛你，所以我願意讓你一世高冷。
再冷也沒有關係，我會用餘生為你暖場。

那些海誓山盟是怎麼化為泡影的

幾乎每一段婚姻開始都是甜蜜的，但隨著時移世易，曾經以甜蜜開局的婚姻卻處處亮起紅燈。這也就是為什麼電視劇《我的前半生》中，羅子君的母親會說：「多少夫妻是同床異夢。」

那麼到底是什麼原因，讓那些海誓山盟化為泡影，讓婚姻陷入困局的呢？

美國哈佛大學的心理課上，曾分析過婚姻失敗的原因，最終得出的結論是：婚姻需要激情，但生活勢必平淡，婚姻和生活之間其實是一個悖論。

多少婚姻，敗給了落差感。聰明的夫妻懂得規避落差感，但大部分夫妻都是在平淡的生活中，讓婚姻敗給了現實。

才女林徽因在嫁給梁思成之前，曾在英國與詩人徐志摩有過一段情。但經過長時間的接觸，林徽因最終還是選擇離開徐志摩。

多年以後，早已嫁為人妻的林徽因被問及當初拒絕徐志摩的原因，林徽因解釋道：「徐志摩喜歡的，是他想像中的林徽因，而不是我。」

林徽因知道，天性爛漫的徐志摩愛的是那個和自己風花雪月的才女林徽因，可當愛情真正步入婚姻殿堂，甜蜜的小情侶得要接受生活考驗時，徐志摩會發現，那個他眼中不食人間煙火的女神，也得為柴米油鹽醬醋茶而煩憂。

落差感會讓追求完美的徐志摩喪失新鮮感，這看似天作之合的愛情也未必能幸福。

絕大多數人的人生都是平淡無味、毫無波瀾的，適應好內心的落差感，婚姻才能長久。

前段時間我收到一封讀者來信，說道：不知道從什麼時候開始，那個文靜的女友再也不見了，取而代之的是一個整天糾纏於雞毛蒜皮的老媽子。

這位讀者是個很重視生活情趣的人，但每每當他想要為生活增添些滋味的時候，老婆總會在一旁潑冷水。

「你弄這些有什麼用？小寶的幼稚園學費還沒著落呢？」

「今天隔壁吵架了，我覺得那女的真是……」

「你那遠房表哥打電話來借錢了……」

……

面對這些亂七八糟的生活瑣碎，隔著螢幕我都能感覺到讀者內心有多崩潰。

作家張愛玲說：

生活是一件華麗的袍子，裡面爬滿了蝨子。

有這麼一個賢內助替他解決大部分的生活瑣碎，這位讀者真是身在福中不知福。婚姻的本質是生活，生活的本質是瑣碎和庸碌。所以但凡生活在這個世界上，沒有一個人可以免俗，必須要面對雞毛蒜皮、無能為力的生活。要是有人覺得自己足夠高雅，不會被俗世所累，那往往只有兩種可能，一種是他用錢解決了大部分麻煩事，另一種是有人在默默幫他打理生活。

不過，太囿於生活瑣碎，也不利於婚姻發展，因為婚姻索求的心靈境界太高了，兩個人只有思想相通，婚姻才能夠長久穩定。

所以，要想婚姻發展平穩，夫妻雙方都要給彼此做好加減法。排除一切無關痛癢、無傷大雅的麻煩，把精力用在至關重要的事情上，以增進彼此的感情。

比如，定期安排去餐廳吃飯，然後看一場電影；或者每年都來一場兩人旅行，陶冶情操……總之，不要始終將婚姻置於淩亂的生活中，要給婚姻做加減法，讓婚姻有喘息的機會。

曾聽過一句話：人類不幸福的根源，是因為所求非所得。

從小我們都有一個永遠戰勝不了的對手：別人家的孩子。但等我們長大成人、結婚生子之後，這樣的比較還沒有結束，「別人家的孩子」變成了「別人家的老婆／老公」，也變成了「別人家的婚姻／生活」。

之前在社群裡讀到一段話：

結婚後，百分之八十的爭執都是由錢引發的，用錢就能解決嗎？剩下還有百分之二十得投入更多的錢。所以，努力賺錢才能讓婚姻通往自由。

這段話生動地傳達了錢在婚姻中的重要性，因為婚姻的貧窮感往往不是來自於自己，而是來自周遭的壓迫。

婚姻，是一個人在人生中最大的投資之一，你的結婚對象決定了你下半生會過什麼樣的生活。

李安成名之前，全靠妻子支持他追尋夢想，他曾吃過很長一段時間的「軟飯」；國美電器創辦人黃光裕，剛結識妻子杜鵑時，還只是個名不見經傳的窮光蛋，而後才有他問鼎首富的傳奇故事……

婚姻其實就是一種選擇，比的是乾坤未定時的精準眼光，和落子無悔後的淡定從容。當你選擇跟眼前這個人共度餘生時，就意味著你已經拿到你人生的牌了，不管贏面大不大，你要做的，就是盡可能打得漂亮。

不要去管別人的生活，因為無論你抱怨與否，別人都不會為你的婚姻和人生負責，你只能靠自己和你的另一半。

婚姻和愛情一樣，如人飲水冷暖自知，不必管別人眼中的自己是什麼樣子，只要當局者幸福，旁觀者的感受無關痛癢。曾經的愛誠然可貴，但能夠長久地愛下去，才是婚姻比戀愛更讓人感動的地方。

結婚可以晚一點，但一定要和對的人。

成熟的婚姻裡，有些話不必說清楚

重溫清宮劇《甄嬛傳》，我被其中一句臺詞驚豔。那一幕戲是崔槿汐和蘇培盛對食之事鬧得人盡皆知，雍正來詢問端妃意見，端妃只淡淡說了句：「不痴不聾，不做家翁。」

當初我百思不得其解，這句話的意思不就是說，對於家庭生活中暴露的問題，要學會睜隻眼閉隻眼嗎？這難道不是在逃避嗎？

藝術來自人生。一開始會覺得「不痴不聾，不做家翁」這句話似乎是一劑毒藥，試圖用充耳不聞來逃避婚姻中遇到的問題，無異於厝火積薪，因為一旦衝突澈底爆發出來，將覆水難收。可等到有一定生活感悟之後，就會發現：成熟的婚姻裡，有些話不必說清楚。

曾看過一份有關離婚原因的分析報告，讓人跌破眼鏡的是，因為出軌而離婚的夫妻只占百分之十左右，而百分之四五．九的夫妻是因為感情不和、經常爭吵而離婚的。

曾聽過一句話：婚姻裡最怕遇到逃避的人，遇到問題就逃避，為什麼不把話說清楚？

這句話被越來越多現代年輕男女奉為圭臬，可若是把理論結合現實，就會發現，要是把婚姻裡遇到的所有問題都說清楚，婚姻是很難存續下去的。

生活遠遠比理論複雜，而由此誕生出來的問題，也不是簡單一句「把話說清楚」就能解決的。更重要的是，不是所有的分歧，都必須分出對錯，有些無傷大雅、非價值觀的問題，求同存異反而更好。

婚姻中遇到的這類問題，最典型的莫過於婆媳關係。

對於男人來說，面對婆媳關係，他所承擔的雙重身分（兒子和丈夫）意味著他沒辦法做到公允，更沒辦法明確指出誰對誰錯；即便是有明確的過錯方，男人能做的，也只是點到為止的批評，而不是非黑即白地一邊倒。

因為婆媳關係最關鍵的不是分出誰對誰錯，而是如何最大限度地減少婆媳摩擦，並盡量修復彼此的關係。

婚姻生活中，有些話沒辦法說清楚，也不可能說清楚，一味追究誰對誰錯，帶來的後果就是日趨緊張的家庭關係，和隨之而來的婚變。

現實生活中遇到的諸多例子都告訴我們，婚姻和愛情一樣，都是易碎品。千萬不要覺得，跨入婚姻殿堂後，就可以高枕無憂。

愛情是婚姻的基礎，當愛情被現實無情磨滅的時候，婚姻自然也會隨之亮起紅燈。所以，千萬不要讓「無效的爭吵」拖垮你的婚姻，因為非對即錯的關係裡沒有包容，而婚姻的第一要義就是包容。

作家楊絳在她的回憶錄《我們仨》中記錄了一個故事：年輕時的楊絳跟錢鍾書一起坐船出國，兩人因為一個法語發音「Bon」而吵了起來。

楊絳說錢鍾書發音帶著鄉音，太難聽，錢鍾書也說楊絳發音不標準，兩人因為這件小事爭執不下，彼此說了很多難聽的話。

後來楊絳在船上遇到一位會說英語的法國人，並向他請教正確的發音。法國人表示楊絳的發音是正確的，但楊絳沒有勝利的感覺，而是覺得索然無味。因為一個無關痛癢的發音問題，她差點毀了多年的感情。

其實不光是楊絳，回顧一般人的婚姻生活，有太多的日常爭吵都是因為雞毛蒜皮的小事。但凡在婚姻中太好勝的人，通常都沒有辦法經營好婚姻關係。

婚姻需要講道理嗎？當然需要！但這並不代表，處處都必須得到一個是非對錯的結論。有時候贏了道理，卻輸了感情，得不償失。

娛樂圈中的模範丈夫黃磊，曾在接受採訪時說過一句話：

「我非常反對夫妻變成親人，親人就是親人，但老婆是我的情人、愛人。」

親人是什麼？無論你做錯了什麼，他們都會無限包容。但情人、愛人就不一樣，當愛消失的時候，他們自然會離開你。

血脈是一輩子相連的東西，但夫妻之間連接的唯一紐帶只有愛情。假使愛情消失了，勞燕分飛也成為必然。

不要將愛情當成親情，是因為一旦夫妻雙方有一方這樣做，在他／她眼中，一切都會變得理所應當，例如：當你拖著疲勞的身體，下班回家做飯的時候，他翹著二郎腿、坐在凌亂的沙發上玩手機；當你應酬完，一身酒氣回到家的時候，她硬拉著你逛淘寶，要錢買衣服……

以前我很喜歡「老夫老妻」這個詞，因為其中透著日久彌堅的感情；但漸漸地，我發現，跟著「老夫老妻」出現的語境，通常都讓人心寒。

「都老夫老妻了，還要什麼浪漫？」

「都老夫老妻了，沒什麼好講究的。」

……

但真的應該這樣嗎？夫妻的結合，不是為了一張合法有效的「長期飯票」，而是找到一個因為彼此出現而變得更好的伴侶。

兩個人因愛而在一起，並因愛結婚生子，組建新的家庭，在人生這條未知的道路上揚帆起航，共同經歷生活的風雨。

兩個人之間可以爭吵，可以有分歧，但千萬不要事事都論對錯，在婚姻裡堅持非黑即白的是非觀。

最後借用那句俏皮話：你是要講道理，還是要我？

結婚前，請先想清楚四個問題

婚姻是人生大事，一段錯誤的婚姻無異於滅頂之災。所以，面對婚姻請千萬不要草率，如果無法判斷這段婚姻是否正確的話，不妨先問自己下面四個問題，再決定是否結婚。

問題一：你了解對方家庭的價值觀和家風嗎？

曾聽過一句話：婚姻，其實是和對方的家庭結婚，絕非是兩個人之間的事情。兩個人的價值觀契合只是婚姻的入場券，能否順利融入對方的家庭，成為對方家庭的一分子，則關乎婚姻能否長久。

曾一度引發全民討論的電視劇《歡樂頌》中塑造了「樊勝美」這個角色，她有一群等著吸血的寄生蟲般的家人。從學生時期就喜歡樊勝美的王柏川，在樊家接二連三的破事面前終於崩潰了。

王柏川固然深愛著樊勝美，但婚姻光有愛情是不夠的，一方是等著「吸血」的樊家父母，一方是百般阻撓的王家父母。《歡樂頌》都播完兩季了，樊勝美還是未能跟王柏川修成正果。

並不是說失敗的原生家庭教不出優秀的孩子，而是說談婚論嫁時，再優秀的對象，如果他的背後有一個讓人無法接受的原生家庭，那麼原生家庭的價值觀會成為婚姻最大的阻礙。

如果你還不了解對方家庭的價值觀和家風，請不要急著和對方結婚。因為你們的結合就意味著你必須跟對方的家庭形成利益共同體，你得包容對方家庭所有的硬傷和不足。

如果你還沒準備好，請你三思後行。

問題二：你見過對方最低落時的樣子嗎？

電視劇《知否知否應是綠肥紅瘦》中有一句臺詞特別有道理：

與人相處幾十年，終究還是要看看對方處於最低谷時，你能不能忍得下去。看一個人是不是良配，不能看他平時待你如何，而要看他在極端情況下是如何對你的。

前幾天有個影片在網上非常火紅。地震來臨之際，站在門口的丈夫想都沒想就返回家拉著老婆往外衝；與此形成鮮明對比的是，杭州一位名為方敏的富家女，用一場大病證明了多年的恩愛夫妻全是假象。

身患漸凍人症的方敏拖著病體趕往公證處辦理「意定監護」，將第一順位監護人從「丈夫」改成了「父母」。方敏的前三十年人生順風順水，家境殷實，有個相敬如賓的丈夫和一個可愛的孩子。

但自從確診漸凍人症後，為了延續生命，方敏提出變賣自己屬於婚前財產的房子來治病，但丈夫的話卻讓方敏第一次看清了眼前這個說愛自己的男人的真正嘴臉。

他說：「總要先考慮女兒吧。」

結婚五年的恩愛瞬間淪為最可笑的笑話，即便是方敏自己的房產，丈夫也不願意支持她賣房治病的決定。

這也就是為什麼說看人得看最低處，你得找一個無關貧富，愛你如初的人，而非是一個願意陪你幸福，卻不願意共度絕望的人。

問題三：你能包容對方所有尚未暴露的缺點嗎？

俗話說，情人眼裡出西施，而由此造成的婚前婚後的落差感，也衍生出了不少婚姻問題。

婚姻是一件慎重且莊重的事情，不要輕易對一個人許諾，更不要輕易聽信對方的許諾。你以為你已經將對方了解清楚了嗎？有些問題不經過朝夕相處，根本不會暴露出來。

所以，當你下定決心選擇跟對方結婚的時候，請捫心自問：我到底是認可此時此刻的對方，還是真正認可對方？如果他還有很多沒暴露出來的缺點，我也能坦然接受嗎？

戀愛時你儂我儂是戀人的常態，但剝離熱戀的狂喜、冷靜下來之後，不妨想一想，你是否真的看準、認準對方了。

戀愛中時刻保持警惕，並做好婚後也許對方沒有自己想像中那麼完美的覺悟，當你做好心理建設，婚姻的落差感也許就更好處理了。

問題四：如果對方此時離開你，你能好好生活嗎？

經常有人問：什麼才是完美的愛情（婚姻）？

關於這個問題有很多答案。

有人說，勢均力敵就是完美的愛情（婚姻）；有人說，相互成全就是完美的愛情（婚姻）；還有人說，彼此成就才是完美的愛情（婚姻）。

但對於一般人來說，上述那些婚姻更像是強強聯姻，絕大多數人的婚姻都很平淡，單是長久保鮮就已經難能可貴了。

平凡人世界裡的完美婚姻，能做到灑脫就不容易了。強大如演員馬伊琍，在婚姻面前也會感到迷惘困頓。

二〇一四年文章的「週一見」事件，澈底摧毀了馬伊琍用心經營數年的婚姻。沉默之後，馬伊琍用「戀愛雖易，婚姻不易，且行且珍惜」來為婚姻強行續命。

很多人都說馬伊琍為愛妥協了，但時隔五年後的七月二十八日，文章和馬伊琍的婚姻終究還是走到了離婚這一步。很多人百思不得其解，既然要離婚，為什麼當初不離現在離？

二〇一八年的白玉蘭獎頒獎典禮上，馬伊琍給了所有人答案：

女人不要為取悅別人而活，希望你們為取悅自己而活，總之每個人只有一次前半生的機會，勇敢地努力地去愛、去奮鬥、去犯錯，但是請記住，一定要成長。

平凡人的完美愛情（婚姻）是什麼？是無論何時都要自我成長，是相愛時用盡全力，是離別時極盡灑脫。而能在愛情（婚姻）中保持自我獨立、自我成長，就是愛情（婚姻）最完美的狀態了。

愛自己，是終身浪漫的開始。如果你還搞不懂婚姻到底是什麼的話，不妨先愛自己。

因為愛自己，永遠不會被辜負。

真正的愛情，就是讓所有才子佳人，終歸柴米夫妻

我想要在茅亭裡看雨，假山邊看螞蟻，看蝴蝶戀愛，看蜘蛛結網，看水，看船，看雲，看瀑布，看宋清如甜甜地睡覺。——朱生豪

一九四二年的動盪上海，三十歲的翻譯家朱生豪在親友的見證下，娶了三十一歲的宋清如。當時的詞宗大家夏承燾為這對「大齡」夫妻提了八個字——才子佳人，柴米夫妻。前四個字是這對夫妻的身分，後四個字是他們的人生。

如今朱生豪和宋清如這兩個名字，知道的人越來越少了，但在民國上海，這對璧人卻活出了愛情最美的模樣。

現在越來越多年輕人對愛情抱持懷疑，但如果你深入了解朱生豪和宋清如的人生，關

於愛情，你也許會有不一樣的看法。

真正的愛情，就是恰如其分的相遇，無關貧富，無關距離，無關身分；真正的愛情，就是讓所有的標準都化為烏有，讓所有才子佳人，終歸柴米夫妻。

一九三二年的之江大學裡，已經大四的朱生豪第一次遇到大一新生宋清如。彼時的朱生豪憑藉手中妙筆，用才情冠絕了整個之江大學，更受到當時之江詩社社長夏承燾的高度讚譽：

「閱朱生豪唐詩人短論七則，多前人未發之論，爽利無比。聰明才力，在余師友間，不當以學生視之。其人今年才二十歲，淵默若處子，輕易不發一言。聞英文甚深，之江辦學數十年，恐無此不易之才也。」

「淵默若處子」這五個字，鮮明地勾勒出朱生豪的性格。出生商賈之家的朱生豪，年幼家境殷實，但十歲那年母親去世，十二歲那年父親也撒手人寰，家中突遭變故讓朱生豪變得沉默寡言，在漫長的時間裡，從來沒有人走進他的內心。

在宋清如出現之前，朱生豪是之江校園裡最孤高的筆，只寫唐韻舊詞，只譯莎翁戲劇。而宋清如的出現，讓朱生豪突然變得話多起來，這個自述一年有一百多天不說話的人，把所有甜蜜的話，都說給了喜歡的人聽。

再硬的心腸，遇到心愛的女人也會土崩瓦解；而被愛滋養過的詩人，更會綻放出讓人炫目的詩情畫意。

不愛說話的朱生豪，彷彿用前二十多年的人生去積攢情話，他一直在沉默中等待著，而宋清如出現後，那些在腹中纏綿許久的情書便噴湧而出，洋洋灑灑。

一九三三年朱生豪畢業，在老師的介紹下，謀得一份在世界書局擔任英文編輯的工作。這對愛侶才剛剛戀愛，就不得不陷入相隔兩地的困局。在那個沒有通訊軟體、沒有視訊的年代裡，他們用平均兩三天一封信的頻率，來傾訴彼此的心情。

五百四十多封情書，讓後世所有人見證了朱生豪的文筆，也讓人們記住了這個在心愛的人面前，容易讓人百爪撓心的小男人。

如果你讀過朱生豪的情書，你會被字裡行間如泉湧般的愛意，羞得面紅耳赤。沉默寡言的朱生豪，給了宋清如所有的情意。

「不要愁老之將至，你老了一定很可愛。而且，假如你老了十歲，我當然也同樣老了十歲，世界也老了十歲，上帝也老了十歲，一切都是一樣。」

「要是我們兩人一同在雨聲裡做夢，那意境是如何不同？或者一同在雨聲裡失眠，那也是何等有味。」

「要是世上只有我們兩個人多麼好，我一定要把你欺負得哭不出來。」

「我願意捨棄一切，以想念你終此一生。」

「我們都是世上多餘的人，但至少我們對於彼此都是世界最重要的人。」

這些至今讀來都讓人抿嘴羞笑，每一封情書的背後，都是一個焦灼等待愛人回應的傻男人。

有人說，愛一個人，就是想讓全世界都認可對方；而朱生豪告訴所有人，愛一個人，就是對方會成為我的全世界，與閒雜人等無關。

曾有人問：「該如何判斷自己是否覓得終生良配？」

答：「看你是否在他面前，永遠是真實的自己。」

宋清如面前的朱生豪，並不沉默，相反的，很聒噪、很囉唆，甚至有些幼稚。

朱生豪筆下的宋清如有很多稱謂，比如宋、清如、好人、寶貝、宋兒、好友、澄、小姐姐、小親親、傻丫頭、我們的清如、天使、女皇陛下、愛人等等。每一種暱稱裡，都帶著朱生豪特有的溫存和柔情。

朱生豪筆下的自己，也有著千變萬化的代稱，比如你腳下的螞蟻、醜小鴨、老鼠、牛魔王、傷心的保羅等等。每一種暱稱裡，都藏著朱生豪要將宋清如捧上雲霄的野心。

心理學說，男人本質上就是個孩子，經常想去扮演孩子的角色。一個真正愛你的男人，除了會把所有的剛強都用來保護你，也會將所有的幼稚都給你一個人看。

宋清如面前的朱生豪，是個每天渴望和妻子談情說愛的肉麻鬼，是個動不動就撒嬌要擁抱的幼稚鬼，是個時刻想要妻子陪伴、不惜用巧克力來誘惑的小孩子。

美好的愛情，會讓人瞬間成熟，但又同時保有幼稚的權利，讓你在他面前毫無顧忌地變成一個傻瓜。

作家梁實秋說：

愛情不是婚姻，但凡用愛情的方式過婚姻的，沒有不失敗的。

但朱生豪和宋清如，卻用自己的人生告訴梁實秋：真正的夫妻，就是讓愛情變為婚姻的常態。

一九四二年五月一日，朱生豪和宋清如終於結束長達十年的愛情長跑。雖然期間兩人經歷了戰亂紛擾、流離失所、譯稿丟失等諸多災厄，但這對璧人終於有驚無險地在亂世中修成正果。

那是一場簡樸到極致的婚禮，專注翻譯莎士比亞文稿的朱生豪向來清貧，而出生於大戶的宋清如也早已做好在困頓中相愛的準備。

「才子佳人，柴米夫妻。」夏承燾的八字贈語也成了朱生豪、宋清如夫妻婚後的日常。直到朱生豪逝世多年後，有人問起宋清如跟朱生豪的生活細節，垂垂老矣的宋清如也只是淡淡地說了六個字：「他譯莎，我燒飯。」

人間煙火最溫存，那個清貧時仍然守在身旁、不離不棄、相愛如初的人，才是這一生最對的人。

對於朱生豪而言，人生只有兩件大事：翻譯莎士比亞的戲劇，和愛宋清如。而深知朱生豪心願的宋清如，也為了兩人的小家，犧牲自我，成為家庭主婦。

朱生豪負責「閉戶居家，摒絕外務」，一心投身在他心愛的莎翁經典中；而宋清如則負責「人間煙火，操持家務」，全力支持丈夫的翻譯事業。

這世間最好的愛情，也許不是勢均力敵，而是相互著想，彼此成全。

一九四四年十二月二十六日，朱生豪帶著百般不捨，和宋清如及剛滿週歲的兒子告別，撒手人寰，年僅三十二歲。悲痛欲絕的宋清如望著尚未成年的兒子和朱生豪留下的未完書稿，終於決定打消共赴黃泉的念頭，從一個家庭主婦轉為朱生豪手稿的勘正者。

也正是因為宋清如的堅持，朱生豪那三十一部一百八十萬字的手稿才有機會出版；也正是因為宋清如的堅持，朱生豪在文學史上才留下如此濃墨重彩的一筆。此後數十年間，時光荏苒，時局動盪，宋清如獨守著自己和朱生豪的那段回憶，隨著時光慢慢變老。

一九七七年，六十七歲的宋清如輾轉回到嘉興的老家，那裡的物事仍在：泛黃的照片、古舊的家具、斑駁的老牆，所有關於自己與朱生豪的記憶都浮現在眼前。那些所有跟朱生豪有關的東西，就像是寒冬裡的暖爐，溫暖了這位執著於孤獨的女性。

以宋清如的才學和相貌，另尋良配並非難事，但就像宋清如之於朱生豪，是世間唯一一般，朱生豪之於宋清如，也是天下無雙。其餘人再好，終非朱生豪。

一九九七年六月二十七日，八十六歲的宋清如心臟病突發去世，兒子朱尚剛遵從宋清如生前的遺囑，將她的骨灰撒在南湖（鴛鴦湖），因為當年朱生豪做過一個夢：夢裡宋清如與自己成婚多年，兩人正在納涼夜話。

朱生豪說：「我希望我們變成一對幽魂，每夜在林邊水邊徘徊，因為夜裡總是比白天靜得多、可愛得多。」

多希望所有的一切都是一場夢，然後一覺醒來，覺得甚是愛你。

真正的門當戶對是什麼

知乎上有一個提問：哪些話你一開始不信，後來卻深信不疑？下面有不少高讚回答都提到一句話：門當戶對真的很重要。

其實隨著年歲增長，當我們開始認真考慮自己的終身大事時，很多人都會放棄過去的無數幻想，把擇偶標準縮成四個字：門當戶對。

當我們考慮門當戶對的時候，到底在考慮什麼？是同等原生家庭的背景下，形成的價值觀一致？還是同等物質基礎下，造就的兩個人生活觀念相同？

我們都聽過，結婚不是戀愛，戀愛是兩個人的事情，婚姻是兩個家庭的事情。所謂的門當戶對，從某種程度上來說，是兩個家庭的價值觀契合。

美國史丹佛大學曾做過一項社會調查：兩個中產階級出身的年輕人談戀愛，比一個中產階級出身和一個貧民階級出身的年輕人談戀愛，感情更穩定。

而造成兩個中產階級年輕人感情穩定的因素，並不是因為他們勢均力敵的經濟實力，而是他們相互包容的家庭。

著名詩人徐志摩是當時文壇的青年才俊，其婚姻生活卻總是受人詬病。作為江南巨富徐家的公子爺，徐志摩一生共有過兩段婚姻。前者是同樣上流社會出身的張家小姐張幼儀，後者是上海灘名媛陸小曼。

徐志摩的第一段婚姻純屬兒戲，無奈迫於家族壓力而結婚的徐志摩，最終為了追求才女林徽因，強迫備受冷落且懷有身孕的妻子張幼儀墮胎離婚。

物質上的門當戶對，並沒有讓這對新人價值觀契合，家族包辦式的婚姻也未能長久，一九二二年徐志摩與張幼儀簽字離婚，宣告關係結束。

如果說徐志摩和張幼儀的婚姻失敗是因為價值觀不一致的話，徐志摩第二場婚姻的無奈，也許說明了另一個婚姻的真相。

一九二六年，徐志摩與陸小曼相戀，在當時的人看來，兩人絕對稱得上是一對璧人。一個是才華橫溢的年輕教授，一個是多才多藝的美女作家，這兩人的結合無疑稱得上是絕配。

精神上的契合是徐志摩第二場婚姻開始的契機，但婚姻哪有這麼簡單，即便是價值觀再契合的婚姻，面對生活中的雞毛蒜皮，也顯得蒼白無力。

很多人都迷信「門當戶對」這四個字，是因為門當戶對意味著價值觀契合，但他們往往忽略了，並非所有價值觀契合的夫妻，婚姻都圓滿幸福。婚姻中要考慮的事情實在是太多了，簡單的價值觀契合是遠遠不夠的。

婚後的徐志摩雖然身為教授，收入不菲，但在陸小曼花錢如流水的開支面前也相形見絀。為了補貼家用，徐志摩經常在上海與北京之間來回奔波，只為了多講課賺錢。可即便如此，家庭的經濟危機也難以解決。

直到徐志摩空難去世前，兩人的關係已經因為家庭財政危機，而不再如曾經那般如膠似漆了。

婚姻說到底就是過日子，找到一個靈魂契合的伴侶固然重要，但能否將生活經營下去，更是考量這對夫妻能否走得長遠的標準。

相較徐志摩，另一位文壇大師的婚姻就足夠讓人玩味了。

一九一七年的文壇，有一個讓人津津樂道的軼事。新文化運動的領導者，大師胡適，接受了家族的包辦婚姻，娶了一位唯讀過幾年私塾的小腳太太，江冬秀。

當時幾乎所有人都不看好胡適和江冬秀的婚姻，因為一個將新文化運動視為一生追求的留洋教授，怎麼可能接受一個大字不識幾個，完全沒接受過新式教育的舊社會女子。

然而讓人百思不得其解的是，胡適跟江冬秀的婚姻一直很穩定。作為胡適唯一的夫人，毫無疑問，江冬秀跟胡適之間做不到價值觀契合，甚至可以說他們在某種程度上是價值觀互斥。可正是這樣一個人，讓大師胡適言聽計從，再無二心。

之前網路上有一句話非常紅：完美的婚姻狀態，就是勢均力敵。所謂的勢均力敵，其實並非絕對的「五五開」，而是在一定程度上的彼此平衡和相互依賴。

很多人狹義地認為，婚姻中的勢均力敵，就是彼此原生家庭相當，學識水準相當，工作和收入水準相當。這其實大錯特錯，哪有絕對的門當戶對？哪有絕對的勢均力敵？

就像高曉松在《奇葩說》裡講的：「沒有絕對的門當戶對。」隨後高曉松舉了自己母親的例子。

高曉松初戀時，母親寫了一封信給對方父母，直言「你家教授等級沒有我家高」。這句話曾困擾了高曉松很長一段時間，也讓高曉松明白：這世上沒有絕對的勢均力敵，只有某種程度上的旗鼓相當。

就像胡適和江冬秀一樣，胡適是新文化運動的領導者，學富五車，才高八斗，但江冬秀就是大字不識幾個的舊社會女子，裹著小腳，整天家長里短。

可偏偏胡適離不開江冬秀，江冬秀治家嚴謹，是個能讓一切生活瑣碎都井井有條的人。當時無論在文壇還是政壇都備受推崇的胡適，整天忙於各種人情往來、交際應酬，家中瑣事從來沒有讓他困擾過。

這就是江冬秀的本事，也是其他女人給不了胡適的煙火氣和家庭溫暖。

訂婚之後，胡適曾勸誡江冬秀多學字，多讀書。江冬秀也欣然接受，從一開始的別字連篇，到後來寫了一篇不錯的白話文，被胡適當著眾賓客的面誇讚，江冬秀的努力可見一斑。

這世上哪來那麼多完滿的婚姻，愛情的終點也不是婚姻。婚姻其實是持續一生的修行，在這一生的時間裡，夫妻要相互磨合、相互理解和扶持。中途但凡有一個人脫隊，這段婚姻便會亮起紅燈。

每個人的內心都存在一個理想對象，但大多數人的結婚對象都不是自己的理想型。很多人苦笑著說這是妥協，但與其說是妥協，不如說是自己的擇偶觀成熟了。

婚姻和人生一樣，都是一個打怪升級的過程。你不可能遇到一個出場就滿級的搭檔，即便是遇到了，你也終將失去他。因為此時的你，才不過一級而已。這樣的滿級搭檔不會是你的良配，因為他不會給你一起成長的時間，他跟你的距離只會越走越遠。

愛情的終點不是婚姻，婚姻也不是愛情的完成式。你要找的，永遠是那個你其實不太滿意，但還能接受的「菜鳥」搭檔。然後在未來的人生路上，他慢慢變成你的理想對象，你慢慢越來越愛他，最後成為所有人眼中的滿分夫妻。

女強男弱的婚姻，該如何得到完滿結局

都說網路社群是當代社會男女審美的風向球，這句話用在女性身上尤為明顯。當「小奶狗」這個詞頻繁出現的時候，就意味著比起之前的「大叔控」，而今有越來越多的女性喜歡比自己小、比自己弱的年下男友了。

長久以來，男強女弱才符合社會的審美標準，但隨著當代女性在社會及職場上地位越來越重要，越來越多優秀女性漸漸主導自己的領域，女強男弱的現象也越來越普遍。

不過，社會對於女強男弱的婚姻，仍然十分苛刻。許多在最初以幸福為起點的女強男弱婚姻，最終都慘澹收場，這也造成不少青年男女開始抵觸女強男弱的婚姻。

那麼，如果你想要開啟一段女強男弱的婚姻，該如何得到完滿結局呢？

不知道大家有沒有發現一個現象：小時候我們跟別人家的孩子比，結婚後又要跟別人家的婚姻比，也正是在這樣的對比中，不幸福感在心底瘋狂滋生。

相信結過婚的男女一定都熟悉這些話：

「你看看別人的老公賺多少錢，再看看你！」

「人家老公給老婆買包包，給錢出國旅遊，你說我跟你在一起，你給過我什麼嗎？」

……

不要讓自己的婚姻活在別人的口中。心理學上有一個概念：期待賦值。意思是，當你將別人的期待完全當作自己追求的方向時，你將澈底失去對原本自我的熱愛，只會日復一日地在追求他人認可的道路上越走越遠。

試想，如果你的婚姻幸福與否只能被別人左右，這難道不是非常可怕的事嗎？你將不再看到對方在日常生活中的默默奉獻，你只會將伴侶的付出當成理所應當。

「別人的老公賺那麼多錢，你還得靠我養，做飯不是應該的嗎？」

當婚姻落到如此的心理絕境時，距離婚姻亮起紅燈就不遠了。

自古以來，婚姻生活中的角色分配，都是男主外女主內，而在女強男弱的婚姻中卻截然相反。如何做好婚姻裡的角色扮演，是每一個女強男弱婚姻的大考驗。

梁實秋說：

婚姻的本質是生活，生活的本質是妥協。

兩個人剛開始交往的時候，像兩隻刺蝟，永遠寄望對方收起自己的刺，讓對方來適應自己。但隨著時間推移，聰明的情侶會主動收起自己的刺，並用柔軟的腹部來擁抱彼此。

為了經營好婚姻和家庭的小船，夫妻雙方總有一個人要做出犧牲，犧牲自己的事業去成全另一個人的成功，而自己退居二線主持家務。

這是夫妻雙方自然形成的角色分配，並非一方依附於另一方活著。所以，女強男弱婚姻中需要面對的第二個問題，就是避免角色優越感。

面對生活的心酸，光有衝鋒陷陣的矛是不夠的，你還需要盾，一個替你擋下所有生活雞毛蒜皮的人。

有人說：

婚姻的難處在於我們是和對方的優點談戀愛，卻和對方的缺點一起生活。

在步入婚姻之前，彼此看到最多的是對方身上的閃光點，但真正步入婚姻後，從愛情到婚姻的落差感會讓不少人心生倦意。曾經的風花雪月逐漸被生活的雞毛蒜皮取代，無話不說的伴侶漸漸因為對方無法滿足自己的期待值而漸生嫌隙。

婚姻中絕大多數爭吵便來源於此，我們都希望對方是自己的私人訂製，一旦對方身上有自己不滿意的地方，大部分人的第一反應都是將之如眼中釘、肉中刺般除去而後快。但你很難要求對方去改變多年形成的生活習慣，與其不屈不撓地改變他，不如坦然接受他。

完美的婚姻允許存在不完美。生活總會跌跌撞撞，縱然是再恩愛的夫妻也會有沒默契的時候，但這並不代表這段婚姻就經營不下去了。往後的路還很長，婚姻就如同釀酒般越陳越香。

婚姻是一輩子的修行，如果你真的遇到一個對的人，即便是「女強男弱」，也不要心生退意，因為世界太大，對的人轉身就會消失在人海。

無論你的婚姻有多幸福，你都要明白三個道理

曾聽過一句話：婚姻是女人的第二次生命。美滿的婚姻是女人最好的護膚品，一個女人婚後過得幸不幸福，看她的精氣神就知道了。也正是因為這樣的觀念，很多女孩在選擇結婚對象時，設定了相當嚴苛的標準。

不過，能否擁有幸福的婚姻，並不取決於對方能否滿足你設定的硬性標準，而是取決於往後數十年裡，你能否很好地經營婚姻。在隨機調查中發現，很多女人都將自己的婚姻幸福與否，與對象捆綁在一起，似乎自己的幸福取決於對方對自己怎麼樣。

但這樣的觀點是錯誤的。一個人能否幸福，並不取決於對方，而是取決於自己。無論你的婚姻有多幸福，你都要明白三個道理。

首先，不要將人生澈底託付給對方。

結婚時，我們都渴望山盟海誓，矢志不渝，無論未來如何，都要彼此相依。但現實往往比誓言複雜得多，很多曾經發誓要緣定三生的人，甚至撐不過三年。

愛情很難公平，因為在兩性關係中，注定一方會比另一方愛得更多。誰都希望對方愛自己更多，讓自己處於主導地位，但現實往往太殘酷。那個跟你同床共枕的人，在不知不覺中已經跟你同床異夢。

所以，無論你此時此刻的愛情有多甜蜜，無論你此時此刻的婚姻有多美滿，無論如何，都不要將自己的人生完全託付給對方。

這個世界上除了你自己，沒有人值得你託付終身，你的人生幸福只能靠自己去爭取。

之前做情感講座的時候，我聽到一個故事。

一位女性聽眾想為丈夫換輛新車，才發現家裡所有的積蓄都被丈夫用來包養小三了，而外遇被識破後，丈夫反而冷笑著說：「我想要的是個嬌妻，不是保姆，你現在還有什麼女人味？」

三年前的海誓山盟言猶在耳，轉眼間自己已經是個不打扮、不社交的家庭主婦了。曾幾何時，她也是個職場女強人，為了讓丈夫全身心投入工作，她不惜告別自己奮鬥多年的工作崗位，專心做全職太太，但換來的結果是什麼呢？是背叛和挖苦。

人生短短數十年，我們需要經歷的東西遠比想像中更多，真誠待人，但也要留給自己掌握人生的權力。

第二是不要喪失賺錢的能力。

不得不承認，職場對於女性更苛刻。因為隱形的性別歧視，很多女性在職場上需要付出更多努力，才可能擁有一席之地。

還記得周星馳電影裡的那段經典臺詞嗎？

「不上班行不行？」

「不上班你養我啊？」

「我養你啊。」

「我養你」這三個字對於女生來說，無疑是最浪漫的話了。但這樣的話放在現實生活中，卻可笑至極。現代生活的壓力之大，不言而喻。光靠男人來負擔家庭的全部開銷，相信平凡人是做不到的。況且，當家庭的經濟收入完全壓在男人身上時，女人會在無形之中淪為附庸。

壓力大的後果就是，男人覺得自己很優秀，老婆整天在家裡「無所事事」，但凡有一點不順從男人的意思，就會遭到嚴厲指摘，甚至演變成言語暴力。這種情況下，女人只能忍耐，為了給丈夫創造更好的家庭環境，穩定大後方，她們不得不一遍遍迎合丈夫的想法，一遍遍被迫改變自己。

淪為對方的附庸，是一個危險的信號。一個聰明的女人從來不會失去賺錢的能力，即便是家庭負擔再重，她們也不會輕易放棄自己的工作，因為賺錢的能力是她們的底氣，更是她們立足於這個家庭的自信。

更重要的是，和家庭主婦相比，職場女性不易與社會脫節，能夠融入社會的節奏，接觸到更新鮮的知識，以便於隨時學習和交流。

不與丈夫漸行漸遠，隨時保持學習的動力和能力，也是女人在婚姻中的常勝祕訣。

最後是保持一個人也可以幸福的能力。

好的婚姻是成就彼此，完美的婚姻是活出自己。女生是感性的動物，一旦陷入愛情便無法自拔，所以在婚姻中，對她們來說最重要的，不是彼此成就，而是保持一個人也可以幸福的能力。

有些夫妻組合在一起是成就彼此，可一旦分開，女生連獨立生活下去的勇氣都沒有。

前段時間我聽到一個故事：一對令人豔羨的夫妻分手了，丈夫婚變攜小三「逼宮」，同樣是名校畢業的妻子在離婚後一蹶不振，甚至得了憂鬱症。

她逢人就說小三不知羞恥，說丈夫只是鬼迷心竅，還談起他們相識相戀，最後步入婚姻殿堂的過程。反觀丈夫，離婚之後便恢復了秀恩愛的日常，只不過女主角已經換人。

婚姻甜蜜的時候固然很好，可一旦遭遇婚變，又該怎麼辦呢？一個能獨立幸福的人，在婚姻中一定過得不會差，這樣的人通常都具備淡定的磁場，而獨立的靈魂更容易吸引對方靠近。

徐志摩與張幼儀結婚時，對張幼儀各種不待見，而離婚以後，張幼儀一個人活成了商界女強人，風生水起之際，曾對她嗤之以鼻的徐志摩也禁不住誇獎張幼儀是個了不起的女子。

婚姻的幸福就是如此，對方能給你的只有一小部分，而大部分的幸福則來自於自己。

你的深情，永遠只能屬於眼前人

《齊天大聖西遊記》裡的一句臺詞打動了我。

鐵扇公主說：「以前陪我看月亮的時候，叫人家小甜甜。現在新人勝舊人，叫人家牛夫人。」

對於每一對情侶來說，前任都是繞不開的話題。因為此時此刻他跟你說的每一句情話，很可能都是他對前任說過的一字未改的舊話。一想到他的甜言蜜語跟另一個人說過了，再纏綿悱惻的情話都沒感覺了，甚至有點噁心。

曾有讀者向我求助：舊手機裡備份了和前任的聊天紀錄，被現任發現了。我該怎麼辦？

其實這個問題可以有多種演變。

比如：現任發現我還在和前任聯繫。

或者：我給前任按讚，被現任發現了怎麼辦？

這些關於前任的問題，不管演變成什麼樣子，在現任眼裡只有一個問題：他對前任餘情未了，我該怎麼辦？

一旦把問題上升到這個高度，歌曲〈涼涼〉的前奏就響起了。

前段時間有句話在網上很紅：在這個薄情的世界，願我們都深情地活著。

大部分經歷失戀的男男女女都會感慨：世間難得有情人。但這話不對，世間有情人不難得，難得的是對你情深似海的有情人。

世界上從來沒有高冷的人，只不過人家暖的不是你。你眼裡的他，是白雪覆野，不苟言笑；但你卻不知道，在你黯然離開的時候，他正和別人花前月下，濃情蜜意。

我的兄弟老呂在大一剛入學時，對迎新會上打爵士鼓的女神學姐一見鍾情。老呂說，學姐戴著鴨舌帽，咬著脖子上懸掛的十字架墜飾，修長的雙臂奮力敲打爵士鼓的模樣實在是帥爆了。

暈黃色的燈光下，老呂覺得學姐身上飛濺出來的汗都是香的。

此後兩年，老呂就像是保鑣一樣隨時接受學姐的召喚，即便其中一年半學姐都有男友陪伴。再後來，學姐和男友分手了，一場宿醉讓學姐發現身邊只有老呂，感動之餘備胎終於轉正，老呂在大三那年成功追到了女神。

但快樂沒有持續太久，有天老呂在宿舍裡突然問了我們一個問題：「如果你的女朋友保留著和前任的聊天紀錄，而且還時不時在社群裡互動，意味著什麼？」

所有人都知道意味著什麼，但沒有人說出來，因為大家都知道老呂自己心裡明白。

後來這段感情自然沒能走到最後，老呂在分手後發了一條動態：

我總以為時間會讓我們越來越愛，可當我看到你們的那些曾經，懷疑的種子就在我的心裡生根發芽，讓我所有的愛都被憤怒和不甘所取代。我無法忍受你的深情不屬於我，即便我知道你們已經是過去式了。

愛情裡不可能沒有甜言蜜語，一定是愛過，才會在一起。但當你重新開始一段新戀情的時候，能不能讓你前任的氣息澈底消失？

事實上，發現交往對象和前任的聊天紀錄並不是壞事，畢竟此刻在你面前滿嘴說愛的，到底是人是鬼，看聊天紀錄就知道了。

前任是一面照妖鏡，能讓你更好地看清對方。

我曾經誤打誤撞進入一個情感問答群組，裡面的情感問答達人說：在開啟新戀情前，理想的做法就是從前任的口中了解對方，你最好能加到交往對象前任的帳號，跟他／她聊一聊。

當然了，大部分的分手都不體面，兩人分手後基本上就形同陌路，甚至反目成仇。為了排除無端潑髒水的可能性，可以從頭到尾看一遍交往對象之前和前任的聊天紀錄，基本上就可以看清眼前這個人的秉性了。

你要從中獲取的訊息是：

對象和前任之間的日常相處是怎樣的？

對方和前任分手的原因是什麼？

其他的，一概不需要放在心上。

哪怕他們互稱老公老婆，哪怕他們滿嘴甜掉牙的情話，都無所謂。

從日常相處中可以判斷出，此刻對方和你談戀愛有沒有認真，或者說他有沒有像前段感情一樣，付出同等的精力。

從處理衝突的態度和做法可以判斷出，對方在遇到問題時夠不夠成熟，以後你們發生衝突，能不能妥善解決。

從對方和前任分手的原因可以判斷出，他／她是不是一個渣男／渣女。想知道對象渣不渣，分個手就知道了。談戀愛的時候你儂我儂，分手的時候亂潑髒水，這就是渣。

如果能在分手之際，給對方留下體面，那麼他／她一定是個很體面的人。

如果事與願違，那麼曾經的瘋狂就深埋心裡，絕口不提。

有人說，《前任3》、《後來的我們》等與前任有關的電影大賣，是因為每個人心裡都有個難忘的前任，揮之不去。很多人在看完電影後，哭得眼淚汪汪，覺得自己還是放不下前任，要回去找他。

可這哪裡是電影的初衷！

《前任3》裡說：

你以為我不會走，我以為你會留，最後我們說散就散。

《後來的我們》裡說：

緣分這事，只要不負對方就好，不負此生太難了。

這兩部電影都在用血一般的教訓告訴我們：要珍惜眼前人。

所有離開你的，都不是對的人；此刻陪伴在你身邊的，才是值得深愛的人。

看了幾部電影就想轉頭回去找前任的人，也難怪你的前任要甩了你，畢竟誰也不願意有個「雙商」都很低的對象。

所以說，談戀愛的時候，就要跟前任斷絕一切往來，一心一意地經營新的感情。也許你與前任有很多很多無法釋懷的回憶，但我仍然希望你把它們交給時間。

不要把你的心同時交付給兩個人，前任不稀罕你的深情，你也不能對不起現任。

不要把深情錯付，沒有人會一而再、再而三地等你愛他。

如果有一天，現任發現你和前任之間還存在著某種聯繫的話，最好的辦法就是將聯繫乾脆俐落地斬斷，然後用往後的時間去證明。

莫問從前，此時此刻，我只愛你。

我勸你不要長情

曾在網路上看到一個話題：放棄一個喜歡了很久的人，是什麼感覺？

很多人都在下方的評論區給出自己的答案，不過說到底，每個人都在傳達兩個字——釋然。即便這種釋然並非自己甘願，即便這種釋然是現實所逼迫。

在眾多回答中，有一句話非常有詩意：你仍然是我的軟肋，卻再也不是我的盔甲。

若我們真的選擇放棄一個喜歡了很久的人，勢必是在心裡做了無數次權衡，最終不得不屈服於現實：離開對方，給對方更好的幸福。

在越來越薄情的時代裡，長情變得越來越難能可貴，可我為什麼還要勸你不要長情？

前幾天跟初中同學韓韓聊天，提到了他曾深愛多年的一個女孩，她是我們初中的同班同學，兩人之間的關係早已盡人皆知。

當老師一前一後叫到這兩個人的名字時，班上所有人會不由自主地發出一陣噓聲。但不知道為什麼，這兩人始終沒有在一起，而當我們各自考上高中、考上大學之後，聯繫也就斷了。

再次聯繫上的時候，韓韓還是單身。我問他是不是還在等那個女孩？他只是一臉苦笑地搖了搖頭：「說實話，我已經放棄她了，但我好像也失去了愛一個人的能力。」

放棄一個喜歡了很久的人，就像是生生把你已經圓滿的生活挖去了一塊。你不知道，那個突然血淋淋的缺口該如何彌補。你只知道，那失去的一塊再也不會回來了。這個傷口只會在未來的幾十年裡慢慢結痂，最後變成一個醜陋的傷痕。

愛情可以等待，但是愛情經不起等待。在等待的漫長過程中，我終於明白你永遠不可能屬於我；而當我轉身離開的時候，也不代表我已經不愛你了。相反的，我很愛你，但我的餘生還有很多事情要做，我不得不選擇離開你。

再回想起自己曾經的感情幾乎都給了那個女孩，而自己卻一身傷痛、無功而返時，韓韓忍不住嘆了一口氣。

但轉眼間，他的目光裡都是明媚，他說：「這個世界上有一個值得深愛的人，還是很幸福的。」

愛情的最高奧義是讓兩個本來過得不錯的人變得更好，而如果愛情注定落幕的話，那麼最好的結局就是讓兩個人都體面地回歸各自的生活。彼此之間不要有那麼多計較，要知道，如果在愛情裡計較的話，那便不是愛了。

失戀的讀者說過一句話：我用盡全力擁抱，最後滿身傷痕離開，才換來這樣一個完美男友，怎麼轉眼就成了別人的呢？

凌晨最適合用來思念，隔著手機螢幕，我聽著那位讀者訴說她和前任之間的故事。

他們經歷了所有情侶該經歷和不該經歷的事情，本以為度過了熱戀的激情和生活的洗禮後，兩人可以走到最後，然而當她滿心歡喜地等待著從愛情步入婚姻時，感情卻亮起了紅燈。

沒有出軌，沒有第三者插足，也沒有父母干預，兩人之間的矛盾就這麼一點一點地出現了。從裝修的瓷磚顏色，到兩人的價值觀，她突然發現自己眼前的男友像是變了一個人，從上到下都不合自己的標準。同樣的，男友也覺得她不像剛開始戀愛時那般可愛動人了，於是在無休無止的爭吵中，愛情歸於死寂。

很多人說：「不要說什麼愛情凋亡，不愛了就是不愛了，哪有那麼多詩情畫意的說法。」

但我想說的是，所有人都應該相信愛情，也應該相信愛情會死亡。

從無到有，從生到死，是世間萬物的生存法則。兩人初見時的因緣際會，到後來目光交錯，再到最後的「執子之手，與子偕老」，這本來就是愛情生長的過程。但是不要忘了，即便愛情度過了萌芽期，進入了生長成密林的時期，仍然會面臨各式各樣的問題。

愛情裡的任何時刻都不要放鬆警惕，因為命運中任何一個細微差錯，都可能讓感情墜入深淵。

不知道大家有沒有聽過一句話：你永遠叫不醒一個裝睡的人，也永遠感動不了一個不愛你的人。

當我們選擇放棄一個愛了很久的人時，一定想過一個問題：為什麼我在他身上花了這麼多的時間，最終卻還是沒能得到他？

首先，愛情一定是雙方的事，不以個人意志為轉移，所以千萬不要用死纏爛打的方法讓對方回頭。也許出於種種原因，生活的壓力也好，周圍人的勸說也罷，對方真的答應跟你復合，那也並非出自他的本意。

他只不過是妥協了，因為他左看右看，身邊並沒有一個比你更適合的人了。可只要那個人出現，你這段幾乎是用尊嚴換來的愛情便會瞬間凋亡。

我很佩服那些用盡一生一世去愛一個人的人，但我不希望你們成為那個用半生、甚至一生只愛一個人的人。

放棄一個深愛了很久的人一定很痛苦，因為你雖然沒有得到那個人，但卻讓對方成為你生命的一部分。你對他還抱持執念，是因為你覺得也許自己再努力一下，他就會跟你在一起。

這個世界上，不是所有人的執念都可以得到釋懷，人一生會有很多很多的遺憾，你要做的，就是把他當作這段時期的心願，然後奮力向前。當你走到下一個路口，看到更美的風景，也許就會突然覺得自己應該放手了。

你不需要釋懷，也不需要讓對方澈底離開你的生命，你只要學會擱置，將他安放在心靈深處的某一個角落，交給時間，讓時間和那個人吻別。

Part Three

單身是你距離成功最近的時候

為什麼好女孩都色氣滿滿？

在社群裡看到一句話：好女孩不一定好看，但一定色氣滿滿。因為不了解「色氣滿滿」是什麼意思，我特意去網上查了查：「色氣」在日本動漫中泛指女生的魅力和誘惑力。

換言之就是：好女孩不一定顏值高，但一定很吸引人。

前幾天參加一個展會，有同事指著主持開幕式的直系學姐說：「不知道為什麼，她明明長得不算出眾，但我總覺得整個舞臺都在圍繞著她轉。」

學姐是業內數一數二的翻譯，曾經跟著老總遠赴歐洲談判，以翻譯精準、措詞老練而得到不少客戶的認可。用同事的話來說，學姐長得不算驚豔，但她只要一開口，你就會不由自主地朝她靠近，因為你想問的一切都能在她那裡得到精準的答案。

學姐擔任主持的契機是一篇頗有古意的開幕詞。

這場展會先前彩排了很久，面對文言文風格的開幕詞，很多外語主持都沒有辦法準確翻譯其中深意，絕大多數翻譯出來的含義要麼平淡無奇，要麼出現歧義。就在此時，學姐臨危受命，將主辦方所要表達的內容完美地傳達給了外國友人。

展會結束後，有外國公司特意託人來詢問學姐的名字，並讚嘆她是「少見的有人文情懷的翻譯者」。

學姐是商務英語科系出身，對英語系國家的文化也有很高的造詣。她會在嚴肅枯燥的談判中，用對方國家的俚語來緩和尖銳的氛圍；她能在會後聚餐時，和外國人侃侃而談他們耳熟能詳的文學作品。

因為學姐如此優秀，所以身邊從來不缺愛慕者。

越是在顏值制霸的時代，內在美越顯得珍貴。

當一個女孩出現在你的生命裡，她不一定很漂亮，但你發現只要有她在，你就會很安心的時候，你自然會不由自主地想一直跟她在一起。

一見鍾情向來是少數，日久生情才是絕大多數愛情生根發芽、茁壯成長的過程。

大學時班上有位唱跳俱佳的男神，在迎新會上以帥氣的舞姿征服了大批迷妹。可當大家看到他的女朋友後，多多少少會有些失望，因為圍在男神身邊的女孩裡，有的是比他女朋友好看的人。

男神的解釋是：「我和她在一起很舒服。」

年輕的時候，我們總覺得愛情很簡單，你愛我，我也愛你，那麼我們就會一輩子幸福地在一起。

可真正相處之後才發現，再好看的容顏也會被雞毛蒜皮的瑣事醜化，再深厚的感情也會被亂七八糟的變故攪擾，如果這些事不解決，積累到一定程度的結果就是分手。

我們經常聽到恩愛的小情侶在解釋為什麼要跟對方交往時，都會不好意思地說：「我也不知道，跟那個人在一起就是很開心，很舒服。」

用男神的話來說：「她和我說的每一句話都恰到好處，跟她相處從來不用擔心尷尬，總結下來就是五個字：只有她懂我。」

有句話叫「相愛不如相知」，好看的皮囊千千萬，能找到和你步調如此一致的人才更值得珍惜。

能讓男生覺得對方懂自己的女孩，只有兩種情況：一種真的是價值觀和靈魂完全契合，這種情況萬裡挑一；另一種則是情商高。

很多人都說情商高的女孩城府深，但事實上，知世故而不世故才是真正的成熟。

愛情說到底就是兩個陌生的靈魂彼此交融，我們在一起的目的不是用身上的鋒芒讓對方遍體鱗傷，而是學會收去鋒芒，相互包容。

失敗的感情經歷很少是因為重疾或者災難；絕大多數情況下，打敗愛情的是細節，是生活中的零碎矛盾。

高情商的女孩往往能化解生活中絕大多數的爭吵，當男生覺得和她在一起很舒服的時候，就會不由自主地愛上她。

朋友在看真人秀《跨界歌王》的時候，感慨了一句：「當初的四小花旦也就只有徐靜蕾身上還留有青春少女的痕跡了。」

很多明星為了保持容顏不老，每年都花重金在保養上面。可無論怎麼努力，即使年輕的容貌還在，時間仍然會在她們身上留下痕跡，只有徐靜蕾和別人不一樣。

永遠對這個世界保持著孩子般的好奇心，以自由的方式去拓展當下的生活；這是徐靜蕾給自己總結的生活狀態。

相較男性而言，時間對女性的荼毒更加嚴重，會在不經意間讓女人顯露頹態。而能對抗時間的，正是永遠獨立、永遠自由的靈魂。

身邊有很多女性朋友都喜歡徐靜蕾，因為她們從徐靜蕾身上看到的，是自己心底無比渴望，卻不敢嘗試的生活姿態。

在生活中能保持靈魂獨立與自由的女孩，身上會帶著一種說不上來的吸引力。就像徐靜蕾一樣，即便身邊有很多愛慕者，即便早到了適婚年齡，她依然按照自己的想法去生活。不是不婚主義，不是不需要男人，只是自己目前不想結婚，不想談戀愛，僅此而已。活出生活真諦的女孩們身上都帶著光，她們身上有男人也羨慕的灑脫和豁達，也會因此得到男人們來自心底的佩服和追慕。

年輕的時候，我們總把乍見之歡當成一生所愛，後來才發現外表逃不過時間的磨蝕。我們終將深深愛上一個好女孩，不因她的顏值，只為她的思想和靈魂。

單身是距離成功最近的時候

朋友小白發訊息跟我吐槽社群裡的秀恩愛，並用同是天涯淪落人的口吻對我說道：

「我們都是孤獨寂寞冷的單身狗。」

其實同樣的話，朋友小白每個月都要跟我說上兩次，然後從我這裡尋求共鳴。可是和小白聊完天後，我沒有興趣去看他說的各種八卦，而是下意識地打開電腦，準備寫文。

單身狗的孤獨寂寞冷我沒有體會到，相反的，我發現單身的自己處在人生最愜意的時期：父母尚在壯年，沒有家庭負擔，更沒有經濟負擔。這段時間我可以盡情地去追尋夢想，去做自己曾經想做卻因為種種原因擱置的事，比如健身、閱讀和寫作。

單身是最容易成為優秀者的時候。

其實以前我也熱衷於在社群裡發洩自己失戀的痛苦，還喜歡在每一條焦點新聞下面留下自以為精闢的評論。但是我的前女友並沒有因為我的痛苦而回頭，我的留言也很快淹沒在評論區。

後來為了轉移注意力，我開始跑步、閱讀，嘗試接觸新鮮的東西。

因為一無所長，我選擇的是在圖書館看閒書消磨時光。

後來在大學語文課上，古板的老教授在黑板上寫下「蟲二」兩個字，滿堂學生不解其意，只有我脫口而出：「風月無邊。」讓那個曾經對我毫無印象的老教授瞬間記住了我的名字。

從那之後，我便正式把讀書當作自己的興趣愛好，而不是用來打發時間的手段。再後來因為喜歡同一個作者，我結交了一位愛健身的女孩，並在她的帶領下把汗水揮灑在健身房。

從一開始硬著頭皮死撐，到後來完全適應每天上課、寫作和健身的緊張生活。明明每天行程都被塞得滿滿滿，可我卻從沒感覺疲憊，反而身體越來越健康，精神狀態也越來越好。

這個社會上絕大多數人都過著單調且疲憊的生活，明明上班時得過且過，卻總在社群裡喊著工作繁重，毫無個人時間；可是當他們換了一個更加輕鬆的工作後，卻早早下班窩在沙發上打遊戲、看電視。

畢竟對他們來說，比起發憤圖強改變自己，王者峽谷的召喚和狗血影視的劇情更有意思。

他們明明是最不滿生活的一群人，但其不滿也只停留在宣洩不滿的層面。一方面渴望改變，一方面依賴現實。他們會用很多理由說服自己，讓自己沉淪在現實裡一動不動。

單身的時候，他們說趁著年輕要好好玩玩，否則將來有了責任和家庭就再也不能隨心所欲了。脫單的時候，他們說自己也想改變，但是沒有時間，因為家庭和責任讓他們再也沒有時間去改變自己。

這是絕大多數人的問題所在。

在距離優秀最近的單身時期，尚且不願意改變，又怎麼能奢望有了生活負擔後，還能鹹魚翻身呢？

我的母校是一所「雙非大學」，沒有集中的教學資源，沒有多如牛毛的出國交流名額，所以絕大多數學生能在畢業後找到一份養家餬口的工作就已經是萬幸了。

但是陳學長卻像是魯迅先生筆下第一個在黑房子中驚醒的人。

他告訴我他即將出國旅行的時候，我以為他在說笑，直到他的社群裡出現了波蘭克拉科夫（Kraków）的定位，我才知道他已經開始踐行理想。

歷時三個月，二十二個國家，二．六五萬公里。

當我把這個故事講給身邊人聽的時候，絕大多數人的第一反應不是佩服陳學長的毅力，而是說：「他家真有錢，否則怎麼可能去那麼多地方？」

更有人說：「我哪有三個月的假期去旅遊，我也想啊！可是我得生存啊！」

很多人無法成功，是因為他們既不願意相信自己可以成功，也不願意相信別人的成功。看到身邊的人成功時，他們會把原因歸於金錢或者時間等外在因素，而一再回避成功者本身所具備的特質。

陳學長就是最好的例子。同樣出身農村的他，從大一開始就勤工儉學，為自己的夢想做好必要的物質準備。他每到一個地方，都會拍照並寫下關於當地風土人情的文章，上傳到旅遊網站上，從中賺取酬勞。

他北上抵達蒙古首都烏蘭巴托，會拍下荒漠無邊，長河月圓；他轉道前往俄羅斯聖彼德堡，則會記下銀裝素裹，飛雪漫天……

每個人的成功都不是一蹴而就的，陳學長也曾經歷許多在常人看來是滅頂之災的事情。他曾被人騙去土耳其伊斯坦堡的酒吧巨額消費，也曾在敘利亞大馬士革與塔利班恐怖分子擦肩而過，甚至剛出國境時，就在蒙古國邊境遭遇當地邊防人員勒索。

每每問起是什麼讓他堅持到底，陳學長就會兩手交叉放在胸前，笑著說道：「趁著年輕，趁著單身，想把這個世界好好看一看。」

單身時期是最好的自我升值時期。單身意味著你有大量時間去讓自己變得優秀，沒有良好的外在條件，就去提升自己的內在氣質。這個世界上沒有完美的人，我們只能努力讓自己變得不差。

一旦錯過這段時期再想改變自己，付出的精力和代價就遠遠不止如此了，這也就是為什麼很多人從年輕時就很平庸，到老也無法改變命運的原因。

因為這群人習慣了用嘴去抱怨現實，在最應該提升自己的時候選擇安逸，在最值得投資自己的時候選擇無視，並在無限放大別人的優勢和無限縮小自己缺點的過程中一直平庸下去。

一個人想要變得優秀並開始努力的時候，難免會遭到周圍絕大多數平庸者異樣的目光，這種時候你要學會無視和咬牙堅持。

不要妄想說服所有人去鼓勵你改變自己，他們不妨礙你就已經是萬幸了。因為人是很奇怪的生物，他們渴望改變，卻又敵視破壞規則的人。

我開始健身、寫作的時候，我的朋友小白特意發訊息來嘲笑我僵硬的四肢和蹩腳的語言表達；陳學長決定環遊世界的時候，周圍人都用看傻子的眼神看著他。

可是當我開始發表文章的時候，小白除了發「六六六」之外，再也沒聽他說過任何挖苦的話；當陳學長成為某旅遊App的專欄作家，每個月都能拿贊助出遊、靠寫遊記賺稿費的時候，大家便開始拿他做正面教材。

當你變得優秀，全世界都會忍不住想要跟你做朋友。那些曾經想也不敢想的資源會盡數找上你，那些做夢也想不到的際遇會如雨後春筍般出現在你身旁。

單身的陳學長第二次旅行時，在立陶宛遇到了一生所愛，一個農村小孩帶著金髮碧眼的外國美女回鄉結婚，也算轟動當地。

單身的我雖然還沒有遇到愛情，但是收穫了不少讀者朋友，相隔天南海北，互訴衷腸，好生奇妙。

雖然我們不應該用功利的目光去看待這個世界，但卻不得不承認，單身是最容易成為優秀者的時候。

人生就像是在迷霧中不斷摸索，我們無法預知前面等待的是什麼妖魔鬼怪，那麼就趁著此刻道路上還是薄霧，還算安全的時候備好武器，練好武功。若我十八般武藝樣樣精通，管你來的是魑魅魍魎還是牛鬼蛇神！

趁著此刻大霧未至，趁著身後尚有父母倚仗，趁著身旁還無一生所愛，趁著自己還沒有定性，努力提升自己，讓今天的自己比昨天更優秀一點。

等到有一天，父母垂然老去需要照拂的時候；有一天，一生所愛悄然出現需要你保護的時候；有一天，命運的捉弄接二連三出現的時候，你便能自信且無畏地說：我已足夠強大面對這一切。

不讓別人為難，是成人世界的潛規則

畢業以後再也沒有動靜的班級群組突然出現新的消息提醒，點開才知道是一位大學時期的點頭之交做了微商，正在到處打廣告宣傳自己的產品，並發展線下經銷人員。

這位同學@所有人，見沒什麼人回應後，又一個個添加好友，進行地毯式的訊息轟炸。我加他為好友後，他一開口就是一段老掉牙的「雞湯」，然後認真地告訴我：「不想窮一輩子的話，就加入我們吧。」

即便我多次委婉言明自己沒有興趣，他仍然不甘休。終於在他近乎傳銷的言語轟炸下，我忍不住回了他一句：

不讓別人為難，是成人世界的潛規則。

我發完這句話後，那位久未謀面的同學迅速回了我一句：我本以為我們是最好的朋友，沒想到你居然是這種人！算我大學四年瞎了眼！你這種人活該窮一輩子！

不用想也知道，這位即將富有的老同學把我封鎖了。

我對著手機努力回想了一下我跟這位老同學在大學四年的共同回憶，結果半天也沒有想到，於是長長地吁了一口氣：真棒，我的社交圈裡少了一個巨嬰症患者！

這個社會上有很多人都患有巨嬰症：身體是大人，但內心卻仍然停留在嬰兒階段。

這類人一切都以自我為中心，對最基本的人情世故都毫無察覺。他們會毫不掩飾地說出所想，並稱自己為真性情，在自己的要求得不到回應的時候，又會惱羞成怒地用絕交或者要狠來逼迫對方屈服。

後來大概是響應者寥寥，那位同學又在班級群組裡大發雷霆，發了一大段挖苦大家的話後忿然退出，彷彿每個成員都欠了他五百萬。

其實這樣的巨嬰症患者比比皆是，對成人世界的潛規則一無所知，總在用自己世界的規則去衡量並要求每一個人。

一個合格的成年人會避免直接拒絕別人的要求。聽到委婉的措詞時，要求者就應當適可而止，避免讓對方為難。當我說最近工作很忙，沒有精力去學習微商的時候，那位老同學就應該借坡下驢：「那改天你有空了，我再來跟你聊聊。」如果這樣的話，我們就不會鬧得如此僵。

可是在我說出這句話後，老同學反而給我上了一堂洗腦課：「如果當年馬雲用沒時間、沒精力為藉口，拒絕去抓住網路商機的話，他現在只能是個教書匠，更不會有如今的阿里巴巴。」

成年人的世界有太多巨嬰症患者，有太少的理解者。

作為一個合格的成年人，除非是上下級的關係，否則永遠不要用要求的口吻去強迫別人達成自己想要的結果。

我出於往日情分幫你純屬江湖道義，我不幫你也是人之常情。不要用自己的思考模式和人生準則在社會上行走，更不要去為難別人。

深夜凌晨，剛入職場的表弟更新了一條動態：明明已經很累，到頭來除了責備，什麼也沒有得到。

我在下面認真地評論道：「不讓別人為難，也不要讓自己為難，成年人的世界需要學會拒絕。」

其實表弟之前就跟我抱怨過，有些職場前輩會將非分內工作交給他做。因為初入職場，所以表弟只能一味承受，漸漸地將自己逼入絕境。在多次分內工作沒有按時完成後，表弟終於遭到主管訓斥。

「他眼瞎了嗎？看不到我忙成一條狗嗎？」

聽著表弟抱怨，我回覆道：「不管你有多忙，分內工作沒有完成，難道不該被訓斥？工作需要的是結果，而不是過程中的心酸和努力。」

我們從小就被教導要助人為樂，可是進入社會後就會發現，助人為樂應該有個前提：要在力所能及的範圍內。

成人世界的潛規則除了不讓別人為難，更不該讓自己為難。學會拒絕是保護自己，也是對別人負責。

表弟礙於職場前輩的面子，選擇犧牲做分內工作的時間去做非分內的工作。因為自己的工作沒有完成，所以在做非分內工作時往往會心急如焚，力求盡快解決，這樣的工作狀態很可能會兩頭都落空。

在力所能及的範圍內助人為樂，是一種智慧。既可以讓自己學會更多的技能，也能拉近彼此的距離。但如果助人為樂變成了自己的負擔，那叫自討苦吃。

因為好心辦壞事導致更大的工作成本，反而得不償失。後來表弟在一次手忙腳亂中輸錯了一個小數點，造成公司財政報表帳面上出入不等，導致整個工作組通宵加班才解決。

不讓別人為難是本分，不讓自己為難是智慧。

自身難保的泥菩薩，怎麼去普渡眾生呢？

尋求別人幫助的時候，不要讓別人為難，千萬不要用感情牌來道德綁架。在日常生活中我們見過太多的案例。

「你是工程師，來幫我修個電腦吧，反正對你來說是小菜一碟。」

「你是學設計的，一定會修圖吧，幫我修修照片唄。」

……

很多人都存在認知上的盲點，認為自己的要求只不過是輕描淡寫的事情，即便對方達成自己的要求，也不會心存感激；而當對方拒絕時，又會惱羞成怒。這就是典型的巨嬰症表現。

馬克思說：

你希望別人怎麼對待自己，你就要怎麼對待別人。社會上的每一個人都是平等且自由的獨立個體，不會隨著別人的好惡而改變。

不讓自己為難，學會拒絕，學會力所能及地幫助他人，為自己留下退路；而當我們選擇尋求別人的幫助時，就應該做好被拒絕的準備。

有個很經典的故事足以說明人性的微妙。

你每天給乞丐十塊錢，但有一天突然不給，你在乞丐眼裡就不再是善人，而是不折不扣的混蛋；而你從來都不施捨，某天突然給了乞丐十塊錢，那他會覺得你真是個大好人。

一味無條件地答應別人而為難自己，只會把自己漸漸逼到惡人的境地。等有一天，所有人都習慣了向你伸手，你卻再也滿足不了他們的時候，又該怎麼辦呢？

有句話說得很好：拒絕前冷靜想想，拒絕後不要想太多。

很多人為難自己的原因是害怕得罪別人，但是你要知道，等你陷入進退兩難的境地，再回頭去拒絕別人，你非但不會得到任何感激，反而會落個出爾反爾的汙名。

你不是「老乾媽」[1]，不能讓所有人為你血脈僨張。靠一味妥協和付出去取悅別人，總有一天會把自己逼上絕路。

1 中國知名的辣醬品牌。

如果覺得人生太難，那就去逛逛菜市場

紀錄片《風味人間》的導演陳曉卿說過一句話：

一切不逛菜市場的城市旅遊，等同於不以結婚為目的的戀愛。

在這個以尋覓人間美味為人生宗旨的人眼中，菜市場就是這個世間匯聚所有美感的地方。

不過，也不光是陳曉卿這樣的「大吃貨」對菜市場推崇備至，性情中人作家古龍，在他遊戲人生數十年後，也感慨了一句：

一個人如果走投無路，心一窄想尋短見，就放他去菜市場。

印象中的菜市場，永遠是地面潮溼、人潮擁擠、喧鬧不休的所在。可就像是有股說不出的魔力般，一旦踱入那個喧囂的空間，本以為會被喧鬧擾亂的心境，反而逐漸平息，然後歡愉起來。

有個剛從大城市辭職回老家的朋友，因為心理落差太大，找工作又不順利，一度出現憂鬱症的徵兆，每晚都睡不著，瞪著眼睛直到天明。

就在所有人都為他擔心的時候，某個凌晨五點，他發了一條動態：煙火氣。

配圖是他剛買的豆漿油條，熱騰騰的蒸氣從籠屜升騰而起，這個差點陷入憂鬱症泥沼的年輕人，終於活過來了。

更有意思的是，從那之後，朋友開始每天堅持早起逛菜市場，買回新鮮的食材，親手做飯，並在社群裡晒出他做的菜肴，而在一條動態下面，我看到他回覆了一句話：

如果覺得人生太難，就去逛逛菜市場。

菜市場，是一個能直觀城市靈魂的地方。

美食家蔡瀾先生在接受許知遠採訪的時候，特別提到他尤為鍾愛的九龍城街市，這裡未必是全香港最繁華的菜市場，卻一定是全香港最有風味的菜市場。

不光是市井小民，就連香港的一流明星也是這裡的常客，因為九龍城街市囊括了所有人對美食原料的需求。漫步在人頭攢動的菜市場裡，慈眉善目的蔡瀾說了一句話：「每到一地，必要逛一下當地的菜市場，那是城市裡最市井、最真實的地方。」

這些年走南闖北的蔡瀾確實也做到了這一點，因為在他眼中，要想快速了解一個城市的人文情懷和精神核心，逛菜市場是最合適的選擇。

鮮活的魚蝦在水中跳躍，濺起的滴滴水珠撞碎一地；各色的蔬菜整齊疊放在一起，略帶塵土的點綴反而更顯時令的新鮮。除此以外，還有各色乾貨琳琅滿目地排列在一起，每一個食材彷彿都在躍躍欲試地叫喊著：「吃我！吃我！」

但這還只是菜市場展現的些許魅力而已，每一個菜市場都會有當地獨一無二的食材，而這些別無他家的食材便成為我們認識一座城市最簡單的途徑。它們是這座城市用千百年的時光積澱出來的美食基因，深深潛藏在當地人的血脈傳承裡。

無論你來自何方，無論你操著怎樣古怪的口音，只要你能和當地人一樣，對特色食材瞭若指掌、如數家珍，那麼本來跟你有些生疏的當地人一定會瞬間跟你活絡起來。

因為此時此刻的你，已經掌握了這座城市人文深處最難為人所知的東西，也洞察到這座城市的靈魂。

菜市場，也是一個能打破交際屏障的地方。

很多人每到一個新地方，都會苦惱於該如何打破交際屏障，而如果你多逛菜市場的話，就會發現這個深深困擾你的問題，已經在不知不覺間漸漸消失了。

我有個背井離鄉去外地打拚的同事，因為沒有親人和朋友在身邊，所以在這座陌生的城市裡，他下班就是宅在家吃外賣。單調的生活底色讓他一度對這裡充滿了反感，無時無刻不想逃離。

但一次機緣巧合下，朋友要來他家裡做客，他不得已去了趟附近的菜市場，然後在熱鬧的菜市場邂逅了住在他對門、樓上和樓下的老太太們。

就像是石子擊碎寧靜的池面一般，在白髮蒼蒼的買菜隊伍裡，一個年輕小夥子的出現成了所有人的焦點，就在朋友煩惱著不知道該買什麼，不知道眼前這些稀奇古怪的蔬菜是什麼的時候，實在看不下去的老太太們出手了。

流利的方言和蹩腳的普通話交替出現，一群老太太七嘴八舌圍在他身邊，朋友連比畫帶瞎猜，終於買到了自己想要的食材。但到了要付錢的時候，老太太們又一馬當先地為朋友殺價，費了一番唇舌之後，朋友買的萵筍便宜了六毛錢，還額外收穫四瓣蒜和一個青椒。

全程目瞪口呆的朋友就這麼站在那裡，聽著嘈雜的殺價聲，那一瞬間他的內心卻安靜了下來，因為工作和生活的雙重壓力而焦躁不已的情緒也在那一刻收起了它的戾氣，一切似乎都在那次逛菜市場後改觀了。

「因為熱愛生活才有的儀式感，逛菜市場是中國人獨有的儀式。」

在那之後，朋友一旦有空，就會跟著對門的老太太去買菜，在她的耳濡目染之下，待在這座城市兩年都沒學會當地方言的他，只用了幾個月的時間就能蹦出幾句殺價專用的話來跟商販過招。

「原來幾毛錢也能讓我這麼快樂。」每一次殺價成功都會獲得成就感，就跟完成某個工作課題一樣雀躍。在菜市場，朋友終於實現了自己想要完美融入這座城市的夢想。

菜市場，一個能喚醒煙火氣息的地方。

作家汪曾祺在散文〈食道舊尋〉中寫道：

到了一個新地方，有人愛逛百貨公司，有人愛逛書店，而我寧可去逛逛菜市場。

在中國文學史上，被譽為最後一個士大夫的汪曾祺給人的第一印象就是好吃，這位嘻嘻哈哈的老頑童用文字給世人勾勒了一個龐大的美食帝國。我也曾在寫汪曾祺的文章中寫道：

如果過得不開心，我勸你讀讀汪曾祺。原因無他，只因為汪曾祺的筆下全是煙火氣。

一個人的內心若是沒有煙火氣，那他一定活不下去。作為人類的原始需求，對於美食的渴望是銘刻在骨子裡的，這也就是為什麼很多人都會在看望病人時，問一句：「現在吃飯還好嗎？」

當得到肯定回覆的時候，所有人都會鬆一口氣，笑著說：「還能吃，沒事的，一定會好起來的。」

這世間最有煙火氣的地方，莫過於菜市場。趁著某個閒暇時分，去趟早市或者黃昏市場，拋去一切雜念，一頭栽進菜市場裡，看著滿眼鮮活的瓜果蔬菜，聽著滿耳熱鬧的吆喝叫賣，你會發現原來柴米油鹽醬醋茶中也有那麼多快樂。

在滑抖音[2]的時候，經常會看到一句文案：「世人庸庸碌碌，只為碎銀幾兩。」高曉松也說：「生活不只是眼前的苟且，還有詩和遠方。」

很多人終其一生都想要擺脫自己現下的平凡，卻不知道我們一次又一次厭棄的「庸碌」，才是人生最真實的底色。

就像是博主槽值說的：

2 台灣為 TikTok。

畢竟人生總要有些煙火氣才能完整，方能讓世界知道你來過。

我曾夢到過百萬雄兵，最終駐足於市井的煙火，因為真正和這個世界交過手的人都知道：世間煙火氣，最撫凡人心。

你能一個人精采，也可以兩個人輝煌

經常會在網上看到有人這樣闡述婚姻：你一定要遇到一個人，讓你婚後的生活比獨身時更好。也正是在這樣的觀念刺激下，越來越多人期待遇到一個比自己更優秀的人，並將提高自己生活水準寄託於對方身上。

舉一個簡單且具體的例子：假設每個人都代表一個數字，並需要去尋找一個伴侶。在實際操作中我們會發現，數字越大的人越不在乎伴侶的數字，而一般人則更希望找到一個數字比自己大的人。這也就是為什麼，大部分人都希望門當戶對，而灰姑娘嫁入豪門也時有所聞。

誠然，好的生活狀態是讓自己因對方的出現而變得更好，但對於自身而言，完美的生活狀態卻不在此。一個人完美的生活狀態，是你可以一個人精采，也可以兩個人輝煌。

從另一個角度來說，你想要在一段感情裡收穫什麼，自己就要先去擁有什麼。

愛情於人生而言，從來都是錦上添花的存在，你可以找一個人使你不再沉淪，但別忘了那個人也可以是你自己。

見過太多的人，在自己一個人的時候總把日子過得很糟糕，因為在他們看來，生活沒有什麼值得期待的，也是在這個過程中，這類人逐漸喪失了發現生活趣味的眼睛，錯過了就算一個人也可以很精采的生活。

你其實有很多時間可以讀喜歡的書，做喜歡的事，為自己烹飪一道美食，來一場旅行，去運動健身，培養一些興趣愛好，讓自己變得越來越好。在經歷與成長中，你將收穫充實且無限精采的生活，遇見更好、更有趣的自己。

誠然，一個人的日子裡，難免孤單甚至有些苦澀，但在足夠精采的日子裡，你會更明白自己想要的是什麼，等待的是什麼。

要知道，我們並非一個人不能精采，也並非自己的精采一定要靠別人來實現。你的人生裡，主角永遠是排在首位的自己，而非你的另一半。你變得更好，首先是為了自己，其次才是為了遇見更好的人，並在兩個人的時候相得益彰。

好的婚姻讓人成長，完美的婚姻讓兩個人輝煌。

在沒認識表嫂之前，表哥是個花錢如流水，得過且過的公子哥。他曾不止一次對我說，婚姻是男人的墳墓，如果可以，這輩子都不想結婚。但表嫂的出現，讓他改變了這個想法。

表嫂是個非常溫柔的人，在表嫂面前，表哥的壞脾氣無處釋放。更多時候，表哥是個傾訴者，將自己的生活苦惱說給表嫂聽；而表嫂則是個聆聽者，她會在無形中化解表哥所有的負面情緒，並回饋給他正向的情感。

都說生命裡有些人的出現就是為了讓你成長，而像表嫂這樣的人，則是為了修正我們已經漸漸走偏的人生。

其實表哥表嫂的收入並不高，但以前每到月中就哭窮的表哥，現在也漸漸變得花錢有規劃了。除了日常開銷之外，小夫妻到了年底甚至能存下一部分錢，以備不時之需。

婚姻最害怕的，其實並不是貧窮，而是兩個同床共枕的人卻同床異夢。當兩個人攜手前進，卻走向相反方向，這段婚姻無論是存續還是幸福感，都必定難以為繼。

每個人都希望找到可以依靠的人，但婚姻中的依靠並非一方依賴於另一方，婚姻中的依靠必須是相互的，沒有誰必須無條件為誰犧牲，更沒有誰必須無條件服從於誰。

婚姻最奇妙的地方就在於讓兩個原本毫不相干的人，最終走到一起，並矢志不渝。所以，當你進入一段愛情或者步入婚姻殿堂的時候，請你屏棄那些大男人主義和女權癌的想法，我們自始至終希望找到的，是一個可以將弱點完全暴露給對方的戰友，而非一個始終依附於自己身上的寄生蟲。

完美的愛情狀態，不是讓自己變回無憂無慮的小孩，而是讓自己活成一個人的戰士，兩個人的保護傘。完美的生活狀態也是如此，你可以一個人精采，也可以兩個人輝煌。

我知道你過得很辛苦，但請你一定要堅持

跟寫文的圈中好友聊天的時候，提到彼此的網路社群裡有很多人已經靠寫作賺到了大筆稿費，甚至簡簡單單的圖文業配，就輕鬆賺了一個月的薪水。

聊完之後，我和朋友都感慨了一句：為什麼別人賺錢就這麼簡單，而自己卻這麼難呢？

其實和朋友相比，因為是平臺簽約作者的緣故，我每個月多多少少會有簽約稿費作為保底，但朋友就不一樣了，如果拿不到平臺優質獎勵，甚至出不了爆款文的話，那麼辛苦一個月所獲得的稿費，實在是寥寥無幾。

話說到這裡，朋友深深嘆了口氣，他說不知道自己還適不適合在寫作這條路上走下去。

我沉默了很久，然後對他說：「我知道你過得很辛苦，但請你一定要堅持，因為成功已經不遠了。」

我說這句話並不是為了給他灌「雞湯」，恰恰相反，我真的見過這樣的人。

二〇一七年，我剛開始寫文的時候認識了一位朋友，他和我一樣，是寫網路小說起家。但我和他不一樣的是，我大概堅持了半年，半年以後我選擇了放棄。

沒有經歷過的人，根本不知道每天輸出六千字卻見不到任何回報，是怎樣絕望的感覺。看不出自己到底差在哪裡，看到的只有滿螢幕的絕望、孤獨和無助。因為你耗盡心血寫出一篇文章，點閱率卻屈指可數，這是一種讓人窒息的痛。

我放棄之後，那個朋友仍然在堅持，從每天更新五千字變成了更新八千字，他把所有精力都花在寫文更新上。

一年三百六十五天，除了春節那天停更之外，其餘所有時間都在更新。哪怕是得了重感冒住院，他也一邊吊著點滴，一邊趕第二天的稿子。

因為彼此之間的交集變得越來越少，我們漸漸疏遠，當我再次聽到他的名字時，他已經是某文學網站的簽約新秀了。他的文章不僅出現在榜單上，也收穫了不少粉絲，他終於可以大大方方在社群裡晒出每個月的稿費收入。

我記得去祝賀他的時候，他感慨地對我說：「其實剛開始的時候，我的寫作水準根本就不如你，但可能是笨鳥先飛的緣故，我比你多堅持了一段時間，就是堅持讓我超過了你。我覺得，如果人生真的很難的話，不妨咬著牙一路走下去，慢慢地，你就會豁然開朗。」

相聲演員岳雲鵬第一次進北京的時候只有十四歲，他做著最髒最累的工作，拿著最低的薪水。直到成名後，再回憶起那段過往，他仍然對當年那段服務生的經歷耿耿於懷。因為經驗不足，經常記錯桌號而送錯菜，為此甚至被一位客人整整罵了三個小時。

那時候岳雲鵬動了回老家的念頭，但如果真的就這麼回老家的話，也許他一生都只是個無人問津的小保全，我們也就沒有機會在螢幕上認識這位相聲新星了。

很多人聽到這些名人的悲慘過往都會說：「這世界就是不公平，我明明和他們吃了同樣的苦，為什麼我沒成功呢？」

但事實上，仔細想想，我們和名人有這麼大差別，其實只有一個原因：他們無論吃了多少苦，都不會改變自己的人生方向，而是繼續用破釜沉舟的決心，才得以最終擁抱夢想。

現今如日中天的德雲社也曾瀕臨破產，到了山窮水盡的境地，彼時的郭德綱在做什麼呢？

他沒有選擇放棄，而是客串各類節目，即便是像耍猴一樣，被關在一個全透明的籠子裡，他也強顏歡笑，不為別的，他不想讓自己吃的苦白費。相反的，對於大部分人來說，關於苦我們僅能做到淺嘗輒止。

我有個高中同學，他的人生很精采。高中畢業後，他先學電焊，然後跟著長輩一起去深圳做紅木家具。我上大學時，他開始做起了微商，近幾年他的社群裡又出現服裝代購的訊息，他每次轉職都是倉促又隨意。

跟他聊天的時候，他說自己吃了很多平常人根本吃不了的苦。他曾在學電焊時被燙傷；在做紅木家具時，一個人開著車在暴雨的高速路上奔波；還曾因為做微商被親朋好友疏離；而最近幾年因為服飾業不好做，他的手上已經積壓了很多貨。

「都說吃得苦中苦，方為人上人，為什麼像我這樣的人，明明吃了那麼多苦，卻沒辦法成功呢？」

其實很多人都像他一樣，面對苦難時通常是蜻蜓點水，一方面他們比誰都渴望成功，但另一方面，他們永遠低估了自己吃苦的能力。在一次次放棄中，他們既沒有積累到經驗，又蹉跎了時光。

隨著年歲漸長，我們都意識到一點，那就是有些苦不得不吃，有些苦沒有必要吃。

如果你正在做的事情僅僅只是嘗試，那麼當你遇到重重阻礙時，真的堅持不下去，就不妨適可而止，瀟灑退場。因為人生苦短，實在沒有必要為了某些無關痛癢的事情，付出太多的機會成本。

但如果你正在做的事情，是你終身熱愛且難以割捨的，那麼請你務必咬牙堅持。

我知道你過得真的很辛苦，我也知道也許熬到今日，你已是強弩之末，但我還是想說：「你一定要堅持下去，因為一旦你選擇放棄，就會遺憾終生；只要你繼續堅持下去，我想成功一定會在某個不經意的瞬間，來到你的身邊。」

真正的成熟是知世故而不世故，處江湖而遠江湖

羅曼羅蘭（Romain Rolland）在著作《赤裸裸的米開朗基羅》（*Michelangelo Biography*）中說：

世界上只有一種英雄主義，那就是看清生活的真相後仍然熱愛。

長大後的我們總是懷念小時候，因為那時我們可以光明正大地拒絕面對人情世故和生活苦難。然而隨著我們逐漸長大，越發覺得自己困守在方寸之間，無法超脫。

之前在網上看到一組劇照，演員六小齡童（章金萊）在電視劇《石敢當》中飾演玉皇大帝，有人在下面評論說：「我們最終都變成了自己最討厭的樣子。」

會心一笑的背後是越發長大後的不得已。我們在隨波逐流中，漸漸失去自己的聲音，只是跟著人群吶喊，即便那並非我們的本意。

因為我們漸漸懂得人情世故，身上修煉出了江湖氣，那些初生之犢不畏虎的銳意也隨時間淡去，我們以為這就是成熟，卻從來沒有想過，真正的成熟應該是：知世故而不世故，處江湖而遠江湖。

如今提起演員黃渤，我想不會有人質疑他一線明星的地位。在尤其看臉的娛樂圈裡，黃渤一路走來實屬不易。伴隨著黃渤的標籤，通常都是高情商和實力派。很多人都說高情商就是圓滑世故，卻很少有人說黃渤是個圓滑的人。

黃渤的高情商表現在他的日常採訪中，曾有記者問他能否超越葛優，黃渤回答道：**這個時代不會阻擋你自己閃耀，但你也覆蓋不了任何人的光輝。因為人家曾是開天闢地，是創時代的電影人；我們只是繼續前行的一些晚輩，對這個不敢造次。**

這是個很難回答的問題，但黃渤卻給出了完美的答案。和其他只知道背稿、打太極的明星相比，黃渤的回答就像是和風細雨，在給出答案的同時，既肯定了前輩，也認可了自己。

在所有成年人都陷入「世故」的無限迴圈中時，黃渤用自己的人生詮釋了什麼是「知世故而不世故」。面對世故的人，你只會感到油膩和距離感；而面對「知世故而不世故」的人，你能感知到的，只有溫暖與被認可。

我曾見過不少精於世故的人，他們通常巧言如簧，善於用各種言詞來達到自己的目的，但這樣的人說話縱然天花亂墜也難以讓人幸福。真正成熟的人，從來不玩文字遊戲為自己開脫，而是想方設法在彼此之間達成動態平衡。

世故是一種偽裝，「知世故而不世故」是一種習慣，不要讓你的態度傷害到別人，但也別忘了你的態度。

先秦百家中，我唯獨鍾愛夢蝶的莊周。不為其他，而是為他置身江湖之中，卻又從未沾染半點江湖氣的人生。

莊周夢蝶，亦夢亦真。置身亂世中的莊周並沒有受身邊人好爭名利的風氣影響，早早就決定歸隱，著書立說，對花費重金求他出山的楚王使者嗤之以鼻。

在浮躁的世界裡，莊周就像是「眾人皆醉我獨醒」的清客，一邊在江湖裡恣意飄遊，一邊又寧死不願沾染半點江湖氣息。

作為娛樂圈裡的莊周，歌手朴樹也成為五光十色的娛樂圈裡的一股清流。至純至善的性格讓朴樹寫出了無數膾炙人口的經典歌曲，而纖塵不染的人格也讓他在浮華喧鬧的娛樂圈中，成為一位隱者。

朴樹很狂，因為他不買任何人的帳，只願意跟隨本心的召喚，去寫屬於自己的歌曲。但朴樹又很謙卑，在音樂面前他就像是個內心熾烈的孩子，無論何時都用仰望的姿態，打量音樂的殿堂。

古龍說：「人在江湖，身不由己。」真正踏入江湖之後，如何在光怪陸離、紙醉金迷的誘惑中，繼續保持自己的初心，不為世俗的塵埃所染，是每個人的必修課。這很難，但如果你能做到，便勝千萬人矣。

曾聽一位前輩說過：「入江湖很容易，但出江湖很難。」而似乎是為了印證這句話，武俠小說大師金庸在《笑傲江湖》裡安排了衡山派劉正風因為想「金盆洗手」，最終惹來殺身之禍的劇情。

正邪對立，搏鬥半生的劉正風厭倦了江湖的打打殺殺，想要歸隱山林，過上吟風弄月的生活。然而，以五嶽劍派盟主左冷禪為首的嵩山派卻嚴令禁止，對抗的結果是劉正風與摯友同赴黃泉。

藝術來自人生，日常的人際交往又何嘗不是另一種江湖，浸染在大環境中的我們想要不沾染外界的半點江湖氣，談何容易？

但我們身邊一定有這樣的人，縱然周圍喧鬧不堪，他們卻能處之泰然，用自己的方式度過人生，用自己的方式解讀人生。

處江湖而遠江湖，考驗的是我們的初心。置身煉獄常懷光明，置身混沌永保清醒，能隨時把握初心的人，也有隨時掌握人生的能力。

我曾被一段話驚豔：

我始終相信，走過平湖煙雨、歲月山河，那些歷經劫難、嘗盡百味的人會更加生動而乾淨。

知世故而不世故，是因為見過人心險惡，卻仍願意相信，世間百般滋味唯甜最多；處江湖而遠江湖，是因為嘗過人間心酸，卻仍懂得感恩，人生千般磨難只為更好。

做一個成年人很簡單，做一個置身江湖、世故的成年人也不算難事；最難得的成熟，是做一個知世故而不世故，處江湖而遠江湖的人。

存在感，是你給自己最好的禮物

自古以來，中國哲學通常更偏好「韜光養晦、避其鋒芒」的內斂，那些喜歡鶴立雞群的人，通常會被貶為「心浮氣躁、鋒芒畢露」，甚至得到「槍打出頭鳥」、「木秀於林，風必摧之」的警示。

所以在日常生活中，「刷存在感」變成了可恥的事，在沉默中耕耘變成受讚頌的品格。但我們不得不承認，那些存在感很強的人，通常混得不差。因為常人畏之如虎、嗤之以鼻的「刷存在感」，為他們帶來了實質的好處。

譁眾取寵的存在感不要也罷，但如果你連為自己人生刷一波存在感的勇氣也沒有的話，這樣的人生必將黯淡不少。懂得如何刷存在感，就是你給自己最好的禮物。

剛畢業時，我進入一家民營服裝企業，負責指導我的前輩是位沉默寡言的大叔。用公司其他人的話來說，大叔不是一般人。剛進公司沒多久就晉升為生產科長，雖然平時從來不主動提交業務進度表，但每次問及他手頭的業務，他都說按照計畫如期進行。

雖然傳得神乎其神，但一開始我對大叔的好感度為零，畢竟每次去拜訪供應商，我看到的都是大叔抽菸、喝酒、說幹話的樣子，這樣的人能當上科長實在是讓人費解。

每到年尾，每個人都在為多拿點年終獎金而絞盡腦汁寫年度報告，大叔卻依然不改他平日吊兒郎當的風格，嘲笑其他人一年到頭只在寫年終總結的時候認真一回。

大家在調薪的會議上爭得面紅耳赤時，大叔從來不發言；大家歇斯底里地瘋狂加班趕工時，大叔向來缺席。但就是這樣一位佛系職場「老油條」，卻總能在每年年底考核拿到讓別人眼紅的獎金。我一直覺得他是「上頭有人」，直到發生了一件事才讓我第一次認識到大叔的過人之處。

由於本地工廠的工人費用過高，公司不得不將加工廠選在外省，而到了年底出貨高峰期，遠在天邊的加工廠卻突然沒了消息，數百萬的訂單無法按時交貨，砸進去的材料費也難以回收，這個十有八九血本無歸的訂單成了燙手山芋。

就在所有人面面相覷的時候，從來沒有存在感的大叔卻主動請纓去實地考察，並在外省工廠駐點兩個月。最終讓大部分訂單如期交貨，公司免於大額賠償，聲譽也得以保全。

所有人正打算以大叔為榜樣，那個玩世不恭的中年男人形象卻又回來了，他又重新回到人群裡，在不起眼的角落繼續他的桀驁不馴，卻再也沒有人敢輕視他的能力，更沒有人對他的薪水不滿了。

真正的刷存在感，不是無論用什麼手段也要留在聚光燈下，而是在某個不經意的時刻，用一種閃亮登場的方式，出現在所有人面前，不是為了刷存在感，而是為了急人之難。

不得不承認，在人群中有存在感的人通常成功機率更高，因為他們有足夠的曝光率，自然也更容易接觸到別人沒有的資源。

剛進大學的時候，對那些開學第一堂課就主動申請擔任班級幹部的同學有種說不上來的輕視感。自己內心並不抵觸，但能真正把手舉起來的人卻少之又少。

韜光養晦似乎更適合時下人的生活狀態，但韜光養晦的目的是獲得更好的發展，如果不韜光養晦就能快速獲得資源的話，為什麼不選擇捷徑，反而要走彎路呢？

轉眼間到了大學畢業要找工作的時候，看著積極主動的同學拿出榮譽證書、實習證明等各種用來佐證自己能力的資料，絕大多數人都會後悔曾經的靦腆和害羞。

在這個佛系成為日常的時代，依靠自己的能力去獲得屬於自己的東西，少走一些彎路，並為未來的學習、工作贏得助力，這樣的行為非但不應該被嘲笑，反而值得所有人效仿。

周洋是我的社群裡比較成功的自媒體從業者，從剛開始接觸寫作，他就活躍於各平臺的官方群組中，只為了結交更多的同業，而包括我在內的一部分作者曾對他主動搭訕的行為不敢苟同，更用所謂的「文人風骨」來譏笑周洋的自甘墮落。

可就在我們原地不動的時候，周洋已經默默實現了彎道超車。因為知道平臺的最新動態，周洋早早開始為自己布局，從深耕一個平臺，到多個平臺全面開花，周洋用一年的時間完成了華麗逆襲。

當我們看到新的利多政策，卻因為某項核心指標不達標而懊惱的時候，周洋早已將自己的作品透過「綠色通道」發送給官方了。

如今的社會競爭激烈，「酒香不怕巷子深」的理論大體上已經不適用了。對於那些真正有實力的人來說，長時間的曝光能讓他們不必經歷漫長的等待，就可以迅速得到想要的資源，這樣的存在感當然要刷，這也是給自己人生最好的禮物。

華為總裁任正非接受記者採訪時說道：「只有不要臉的人，才會成為成功的人。」

絕大多數人之所以將刷存在感視為洪水猛獸，正是因為在他們看來，面子更重要。但為了面子，我們所犧牲的，可能是整個人生的可能性。

世界上努力的人很多，但成功的人很少，因為成功需要機遇。而要想獲得機遇，首先要做的，是讓更多人認識你。不過當你認識的人越多，難免就會有人對你吹毛求疵，對於這類生命裡非善意的過客，你不需要糾纏，大可忽視。

記住你的目標，以實力為後盾，去創造屬於你自己的存在感。

女人的魅力來自精緻小情趣

曾聽年邁的外祖母說，在老上海十里洋場的車水馬龍中，每到夏天都會有女孩穿著淺藍碎花的裙子，左手挎著用白絹布遮蓋的竹籃，右手拿著兩朵潔白清雅的玉蘭花，用清脆的嗓音叫賣。

那樣的年代裡，名流太太到了酷熱的盛夏時分，都會穿著稱體優雅的旗袍，並在胸前別一朵白玉蘭花，於擁亂的人群中款款而行。

尋常人家的女孩，即便沒有旗袍，也會戴著一朵芬芳的白玉蘭或者梔子花。亂世中的上海，這些柔弱的女人用精緻的打扮和積極的生活態度，抵抗肆虐的戰火。

即便是數十年後的今天，外祖母已經搬離上海、遠嫁他鄉，到了蟬鳴時候，她仍然會尋來白玉蘭花，用心地別在自己胸前，然後邁著她的小腳，蹣跚在田間阡陌。

一絲不苟的銀髮，整潔乾淨的青衣，光滑筆直的竹杖。

外祖母用她一生的故事告訴我：女人的魅力來自精緻小情趣。

和許久未見的朋友白璐，偶然在故鄉小鎮的街頭相遇，我簡直不敢相信自己的眼睛：眼前的白璐真的是印象中那個綁著馬尾、穿著樸素的女孩嗎？

畢業後的白璐去了上海，除去房租只剩下三四千人民幣的她，經常會在社群裡晒自己又買了高級化妝品，又換了新潮的髮型。

「化妝品能讓我活得精緻，新髮型能讓我的生活充滿情趣。凡人是不知道我們仙女的生活方式的。」白璐在社群裡這樣寫道。

可明眼人都知道，她花在打扮上的費用已經大大超出她的薪資所得。年關時她跟我們這些老同學開口借錢，更凸顯出她完美打扮的背後，是無以復加的財政赤字。

三四千的薪水活出了三四萬的生活水準，說的就是像白璐這樣的人。被多個同學提醒不要借錢給白璐之後，我也婉拒了白璐的請求。

原本挎著名牌包，畫著精緻妝容，一副歲月靜好的白璐突然變了個人，爆出一連串熟練的髒話，揚言自己瞎了眼才會把我當朋友。

在我的印象中，畢業後白璐就只活在我的網路社群裡，從來沒有聯繫過，連按讚之交都不是。然而，白璐臨走前的一句話卻讓我想起了外祖母。

「一個女人不懂精緻，整天活得像個黃臉婆，那你存下來的錢就等著孤獨終老用吧。」

我從來不認為女人不應該花錢在化妝品上，事實上，我每天也會早起給自己畫個淡妝，也會在晚上睡覺前給肌膚補水保溼去角質，用的是存了許久的錢才買下的SK-II。

但「精緻小情趣」這五個字絕對不該局限在完美妝容上，如果精緻小情趣意味著入不敷出的話，那一定不是精緻而是弱智。

在現有的生活狀態下擁有精緻小情趣，才是成功女人的做法。

精緻小情趣是一種生活態度，更是夫妻維持新鮮感的重要保證。

很多女人在成為妻子之後，便不再打扮自己，而是全身心投入到相夫教子的角色裡。這樣的女人確實很偉大，但也確實很傻。

跟女人不同的是，男人是一種視覺動物，沒有男人喜歡自己的老婆整天跟個黃臉婆一樣，皮膚粗糙、頭髮油膩，邊煮飯邊為了柴米油鹽絮絮叨叨。

當新婚的激情被生活瑣事取代的時候，爭吵只會越來越多，男人抱怨女人不如從前那樣可愛迷人，女人抱怨男人沒有曾經那麼疼愛自己。

說到底，還是女人丟了那個曾經擁有精緻小情趣的自己。

嫂子嫁過來後不久便適應了妻子的身分，放棄了精緻的妝容和每年一次的旅遊。用她的話來說，省下來的錢可以替未出世的孩子買好幾罐奶粉。可事實證明，嫂子的生活品質直線下降，而那些省下來的錢卻在日常生活中花掉了。

越是這樣，嫂子越覺得自己需要存錢，她開始停止買衣服，永遠穿著洗到變形褪色的T恤，為了蠅頭小利和哥哥爭論不休。

從以前身材玲瓏、俏皮可愛的女友，到眼前身材臃腫、囉唆麻煩的老婆，難以忍受的哥哥終於決定送嫂子去旅遊幾天，然後又替她報名花藝班和瑜伽班，讓嫂子每天下班後的時間都變得忙忙碌碌。

嫂子看報名費不能退，只好硬著頭皮去學習插花和瑜伽了。

其實很多女人內心都住著一個精緻女孩，也渴望擁有曾經的玲瓏身材，如果給她們機會，她們也願意花時間去改變。雖然花了錢，但哥哥落了個清淨，嫂子每晚回家都能看到哥哥笨拙地在廚房裡做晚飯。雖然嘴上說飯難吃，但嫂子臉上的笑容是遮掩不住的。

生活是兩個人相互扶持，而不是一個人放棄所有。

久而久之，嫂子肚子上的贅肉漸漸消失，每天晚上都會帶著自己的花藝作品回來，並得到哥哥的讚美。而哥哥現在會做兩個拿手菜，更重要的是，他明白了柴米油鹽背後的心酸。

兩個人彷彿又回到結婚前的熱戀期，嫂子覺得哥哥非常能理解自己，哥哥則覺得嫂子特別漂亮，熱衷於帶著嫂子去他朋友面前炫耀。

「看，這是你們嫂子！」

從愛情轉變到婚姻的過程中，兩個人注定要放棄很多，但這不代表要全然否定自己過去的生活方式。婚姻的本質是兩個人可以生活得更好，而不是為了生活裡的雞毛蒜皮而相互爭吵。

不得不承認，男人活得比較粗糙，對生活情趣也缺乏敏銳度，這種時候就需要擁有精緻小情趣的女人，讓一成不變的生活變得多些樂趣。

很多女人說，沒錢讓自己擁有精緻小情趣，光是生活就已經喘不過氣了。但親愛的，精緻小情趣從來不是用錢換來的，那是一種生活方式，一種生活心態。

精緻小情趣不是花藝課、瑜伽課，更不是迪奧、香奈兒、SK-II。

沒錢買花的話，就把房間收拾得乾淨點；沒錢上瑜伽課的話，吃完飯就和老公出去散步；沒錢買高級化妝品的話，就保持儀容整潔，至少不要讓自己看上去像個沒人愛的怨婦。

外祖母已經是滿頭銀髮，布滿皺紋的臉上長滿了老人斑，但她身上從來沒有所謂的老人味。她的頭髮上別著已經褪成金屬顏色的髮夾，手腕上戴著淡紅色毫無裝飾的手環，但外祖母始終是擁有精緻小情趣的女人。

外祖母的精緻小情趣，在她春天做的草仔粿上；在她夏天胸口別著的白玉蘭上；在她秋天搜集桂花縫製的香囊上；在她冬天插在房間破瓷瓶裡的蠟梅上。

有一句詩寫得很好：

白髮戴花君莫笑，歲月從不敗美人。

做一個擁有精緻小情趣的女人，才能從容面對一個人的生活，也能更好地經營兩個人的婚姻。

希望有個房子，樓下是燒烤攤，對面是菜市場

有段時間我總是失眠，經常在快要入睡時突然驚醒，然後瞪著眼睛，對著漆黑一片的房間，直到天亮。看了心理醫生後，被診斷為輕度憂鬱，醫生勸我凡事看開點，不要總是那麼不開心。

村上春樹在《聽風的歌》中說：

心情抑鬱的人只能做抑鬱的夢，要是更加抑鬱，連夢都不做的。

我確實不做夢了，因為我幾乎失去了睡眠。

後來因為公司搬遷，臨時把員工宿舍搬到一個老社區。那時候我的憂鬱症已經嚴重到不得不靠吃藥來治療，但沒想到，來這裡的第一晚，是我一年來第一次一覺到天亮。

社區附近一帶都是早期城市化的產物，公共設施破舊不堪，有年代感的建築搭建著錯亂不堪的電纜線，很有戰後初期的味道。樓下是聯排的燒烤攤，占據了本就狹窄的人行道，街對面是個很大又破舊的菜市場，有不少商販沿著菜市場的入口一字排開。

我是早上五點鐘到的，這座城市的其他地方還未甦醒，但社區附近卻已經堵得水洩不通。

喧鬧的人群讓我瞬間有置身廟會的感覺，不少老年人拎著塑膠袋和竹籃穿梭在叫賣的商販之間，貨比三家，再揪住其中一個瘋狂殺價，明明只是兩毛錢的差異，卻被這些老人家演繹成商場博弈。

我是個極不喜歡吵鬧的人，即便是待在房間裡，都會把門窗緊閉，睡覺時要戴上眼罩和耳塞，保證自己在最安靜的狀態下入睡。但當我在喧鬧的商販之間穿梭而過的時候，內心卻感受到久違的快樂。

安頓下來後，我循著內心的呼喚，朝那座破舊的菜市場走去。我想知道，到底是什麼東西不斷勾動我的內心？

路邊攤已經排到了社區入口，從時令蔬菜，到河鮮海鮮，再到便宜衣物，最後是家居小物。整個菜市場就像是一個小俗世，你可以在這裡找到日常所需的所有東西。只要進來了，就沒有理由，更沒有辦法空手而回。

等我轉了一圈出來後，手上多了一隻小烏龜，和一個不太搭的玻璃缸，包包裡還有商販送的兩株蘆薈和一把大蒜。用商販的話來說：「一個人住，更要有點生氣，買個王八陪你，再送你兩株蘆薈，綠色養眼。」

看著根部還沾著土的蘆薈，我苦笑著又轉頭買了個花盆……

罹患憂鬱症一年多來，買花盆是我第一次主動想做的事，而當我悠悠晃晃走出菜市場的時候，我突然意識到吸引我的到底是什麼了。

它長久以來藏在我的體內，從來沒有機會宣洩出來。而這一次，喧鬧的菜市場終於把它喚醒——煙火氣，世俗的煙火氣。

上大學的時候，讀過一句話：

但凡是生活在人間，每個人都會有煙火氣，也正是因為有煙有火，才會有詩情畫意。

詩情畫意的人生就像是五彩斑爛的畫，而憂鬱者的人生只有黑白兩色，到處都透著朽敗的氣息。

為了更快找回我失去的煙火氣，我沒有像以往一樣把自己關在房間裡，而是特意找了一家早餐店，坐在油膩膩的餐桌旁，點了一碗我從來沒有嘗試過的鹹豆腐腦。

早餐店裡的客人不算少，熱鬧的程度完全不亞於不遠處的菜市場。白髮蒼蒼的老人家小心翼翼地在餵得了帕金森氏症、渾身顫抖的老伴喝粥；眼淚汪汪的小學生一邊吃包子，一邊被媽媽訓斥著補寫作業；而老闆則站在蒸氣繚繞的籠屜旁邊，和隔壁十元店的老闆吹牛。

人聲鼎沸，喧鬧不休，這是世俗的滋味，也是人間煙火的滋味，平庸到了極致，卻也讓人無比踏實。

「別哭了，媽媽向你道歉，只要你不哭，媽媽晚上就帶你來吃燒烤。」年輕的媽媽話音剛落，剛剛還扯著喉嚨號啕不止的孩子頓時破涕為笑。

以往的我無比討厭黑夜，因為置身在四下無人的黑暗之中，經常會讓我胡思亂想，就像是在懸崖上踩高蹺，永遠在試探懸崖的邊緣。

而這是我第一次期待黑夜到來，我想看看那個煙火繚繞的燒烤攤，看看絡繹不絕的人潮，聽聽脂肪和烈火相遇後發出的滋滋聲響。

這天的時間不似以往過得緩慢，很快夜幕將至，華燈初上，聯排的燒烤攤還未出來，卻已經吸引了不少食客，所有人都坐在簡陋的棚子裡，談天說地。像是約好的一般，幾個燒烤攤老闆幾乎同時出攤，一瞬間周圍被煙燻火燎和百味融合所占據。

白天緊張的學習和繁重的工作到此為止，屬於自由靈魂的夜生活才剛剛拉開序幕。

我一向不吃燒烤，因為燒烤是醫學嚴令的致癌物質，但這一次，我忍不住點了幾串烤牛胸肉，烈火燒灼下的牛肉外表金黃，表面的油膩被炭火煨成最好的殼，封住了其中肥而不膩的油脂。只要入口輕輕一咬，屬於牛肉的風味就會瞬間溢滿唇齒之間，讓人留戀。

古龍說，有人的地方就有江湖。其實所有的江湖，歸根結柢就是三個字——煙火氣。

突然想起去年到北京出差，一處偏僻巷弄深處的燒烤攤，食客絡繹不絕。狹窄的巷子裡汽車開不進去，所以巷子口停了不少車，其中不乏一些名車。

西裝革履也好，青春張揚也罷，老態龍鍾也行，所有人到了這裡都是一個方方的小凳，四個人湊在一張油膩的桌子旁。剛剛還素不相識，在各自的階層裡稱王稱霸，此刻卻在燒烤攤萍水相逢，互訴衷腸。

所有的隔閡都在燒烤帶來的煙火氣中蕩然無存，所有的階層也頃刻間因為彼此的口味相同而化為烏有。

在燒烤攤揮汗如雨、大快朵頤的人們，此刻都忘了何為貧富，只知道眼前這人是我今夜的夥伴。

置身在煙火彌散之中，所有人都心照不宣地忘記了醫生的叮囑，每個人都知道，若沒了煙火氣，人生就是一段孤獨的路程。而過了此夜的暢快淋漓，大家都將重新戴上面具，穿上偽裝，回到那個庸庸碌碌的生活裡。所以與其說是吃燒烤，不如說是為疲憊的靈魂找一處煙火彌散的地方，暫時安歇。

夜已深，食客仍然沒有散去，相反的，一些剛剛加班歸來的人們也加入了這場狂歡。而我已酒足飯飽、心滿意足地回到房間，那一夜，所有的窗戶都沒有關，遠處燈火輝煌的新城區時不時傳來汽車喇叭的聲響，近處綠植繁茂的社區裡有夏蟲沙沙的鳴叫。

所有的喧囂，都成了最好的催眠曲，然後一夜無夢。

第二天去上班的路上，從社區裡穿過，我看到陽光明媚，從樹蔭的罅隙裡流瀉下來，落在那些趁著日頭好、拿出來晒的被子上，空氣裡都能聞到棉絮的氣息。那一瞬間，我明白自己澈底活過來了，因為骨子裡的煙火氣正迅速撐滿體內的每一個細胞。

突然好想擁有一間屬於自己的房子，對街是老舊的菜市場，樓下是聯排的燒烤攤。關上窗可以隱約聽到外面的喧囂，打開門可以瞬間擁抱世俗的煙火。

其實，每個人心裡都懷抱著一個煙火江湖。如果累了，就放過自己，重回世俗最深處，痛快一場。

痛快過後，你會發現，人生實苦，但從無絕路。

Part Four

活成你自己｜一個人的千軍萬馬

別想太多，做了再說

美國西點軍校有一個傳統：當遇到長官問話時，士兵只有以下四種回答，除此以外什麼都不可以說。

第一：報告長官，是。

第二：報告長官，不是。

第三：報告長官，不知道。

第四：報告長官，沒有藉口。

作為美國頂級的軍校，西點軍校建校兩百多年以來，已經培養出了三位總統，五位五星上將，三千七百多位將軍。更讓人驚嘆的是，西點軍校的教育不僅培養軍事人才，從西點軍校走出去的商業人才也比比皆是，例如可口可樂公司前總裁羅伯特・伍德羅夫

（Robert W. Woodruff）、寶僑前CEO麥克唐納（McDonald）、美國東方航空前執行長法蘭克・鮑曼（Frank Borman）等等。

西點軍校貫徹給每一個學生的理念是：不要找任何藉口。

文學泰斗楊絳先生也曾在給一位年輕讀者的回信中，針對他的困惑點出了癥結所在：你最大的問題在於讀書不多而想得太多。

因為找藉口和想太多，當代越來越多年輕人都罹患拖延症晚期。絕大多數年輕人在不斷抱怨的過程中，把別人的成功歸結為運氣好，而將自己的碌碌無為當成時候未到。

那麼，大部分白手起家，走向成功的人真的只是運氣好嗎？

一個人成功後，網路上會出現大量關於成功者的名言，但是絕大多數的名人名言都是好事者杜撰的，並不可信。要想知道那些白手起家的成功者們到底身上具備怎樣的特質，最好的方法就是看他們尚未取得如此成就之前的模樣。

如今是電商行業快速崛起的時代，而提到電商行業的領軍人物，首先就會想到馬雲和劉強東。

馬雲尚未創業時，只是杭州一位普通教師；而劉強東的出身就更不用說了，他來自蘇北的貧窮鄉村。

網路上有馬雲和劉強東初創業時接受採訪的影片，那時候的馬雲還不是那個後悔創立阿里巴巴的馬雲；劉強東也不是那個「不知妻美」的京東董事長。

畫質粗糙的影片裡，一無所有的馬雲全憑心中一股信念支撐自己創業。即使沒有西裝革履，而且還是在被人拒絕之後，馬雲仍然手舞足蹈地在所有人面前講述著自己的理念和藍圖。最艱難的時候，馬雲被人當成是傳銷，一天到晚正事不做，而是神經兮兮地講著誰也聽不懂的事。

劉強東的創業路也同樣是一波三折，如今早已是商業巨擘的劉強東在接受採訪時，說出了自己額頭前白髮背後的故事。很多人以為那是他特意挑染，但事實上，那是在二〇〇八年，京東面臨資金鏈斷流時，劉強東每天晚上睡不著急出來的。

無論是馬雲還是劉強東，他們的成功都是依靠比常人更強的執行力獲得的，執行力是一個成功者時刻都應當具備的能力。

京東和阿里巴巴不斷開拓新管道、打開新市場的同時，當當網卻在創始人之間的內耗中舉步維艱。和當當網的沒落有著同樣境遇的，還有號稱零售店龍頭的大潤發。三月二十二日，大潤發被阿里巴巴收購，大潤發高層集體走人。

這個社會從來不缺機遇，缺的是敢於抓住機遇的人。而一開始抓住機遇的人，也不代表就能永遠保持成功的地位，永不動搖。

顧慮太多，不能及時調整戰略，是老牌大企業的通病；同樣的，想太多，缺乏行動力，也是大部分平庸者的通病。

事實上，如果在做決定時，考慮到方方面面的情況，只會徒增困擾，因為從來就沒有一個決定可以面面俱到，而且更可怕的是，在考慮的過程中你反而會失去動力，甚至找到放棄的理由。

其實，不這麼做也沒關係……

其實，我覺得現在這樣也挺好的……

很多人的決定全憑剛開始的熱情與衝動，而一旦這樣的感覺消失，那原本已經抓在手上的機遇很可能也就此消失。

表哥快畢業時，表姑決定出頭期款為他買一間新房，可周圍的親戚朋友都以表哥工作未定為由，勸說表姑不要這麼衝動買房子。

「這可是大事啊！萬一買的房子離工作地點太遠，那不是虧了？」

就在這樣的勸說中，原本就有些動搖的表姑最終打消了買房的念頭。最後的結果是，表哥的工作定下來了，而房價卻飆漲，讓表姑拿不出頭期款了。更諷刺的是，表哥的工作地點與當初看中的大樓，只距離不過六個公車站。

身邊像表姑這樣的人很多，而同樣咬咬牙買房子且因房價上漲而獲利的人也很多。

只不過一個念頭改變，或者說多個念頭碰撞，原本買得起的房子就讓人高攀不起了。

其實很多時候，你腦中設想的那些情境，並不難解決。買的房子就算不在工作地點旁邊又怎麼樣呢？現在交通這麼發達，坐公車不也很方便嗎？如果有條件，開車不就好了嗎？

為什麼犯一次錯就覺得自己澈底玩蛋了？你需要做的不是自怨自艾，而是迅速用另一個成功來向所有人證明你的能力！

為什麼對象稍微對你冷淡，你就覺得他在外面「有人」了呢？你要做的不是把陳年舊事拿出來再說一遍，而是趕到他身邊，明確地告訴他，你愛他，並將一如既往地珍惜這段感情。

知乎上有一個提問：愛思考和想太多的區別在哪裡？

有個回答很好：

愛思考是有目的性的思考，而想太多是天馬行空，朝著你希望的方向去思考。

做決定前，特別是那些足以影響人生軌跡的決定前，考慮周全才能做出正確的決定，但考慮周全不代表你可以胡思亂想。思考的目的是讓自己迅速做出正確的決定，而不是在思考過程中變成拖延和妄想症患者。

人生就是無數個決定的綜合體，在做每一個決定前，一定要思考，但是別想太多，做了再說。

你只管努力，那是奇蹟的另一個名字

因為寫作公開課的緣故，不少新朋友私訊我，一時之間讓我原來略顯冷清的社群平臺增添了不少新成員。

從二〇一七年一千字十元的小說，到如今簽了三個出版合約，拿到了頭條簽約等等，我花了兩年的時間，完成了在別人眼中看似華麗的逆襲。很多人都說，你這麼成功肯定是因為你有天賦吧！但他們不知道，我曾經徹夜努力改稿，只為了賺一篇五十元人民幣的稿費。

那時候想著，如果一個月能靠寫文賺一千元人民幣的額外收入，就足夠幸福了。但一路坎坷走來，稿費收入漸漸從原來的一千元，到如今獲得一定程度上的財富自由，這期間所經歷的苦與痛，都不足為外人道也。

很多人想問，怎麼樣才能快速賺到第一桶金，或者說，迅速獲得成功？

每當面對這樣的問題，我都不知道該怎麼回答。不是我不願意回答，而是我根本不知道該怎麼回答。

如果一定要送各位兩句話，我想，第一句話應該是：你一定要努力，千萬別著急；第二句話就是：你只管努力，那是奇蹟的另一個名字。

時間回到二〇一七年四月，那時候我在一家服裝外貿公司做業務助理。

每天加班，沒有固定的上下班時間，沒有固定的休息時間，只是一味地加班，薪水兩千七百元人民幣，住在近乎毛胚屋的員工宿舍裡，和六個人擠在一起。

那時候我唯一想的，是如何努力工作，然後在均價兩萬的城市裡，買一間屬於自己的房子。但就在這非常枯燥、沒有方向的工作裡，屬於年輕人的無力感越來越明顯。

老闆永遠在灌「雞湯」，然後只給你足夠溫飽的薪水；客戶永遠帶著頤指氣使的態度，讓你一遍又一遍地改方案。

所以我逐漸意識到在這個多元社會裡，讓自己在本職工作以外，有一個興趣愛好，並透過它賺一點小錢，為自己往後的人生留一個選擇，應該是明智之舉。

內心一旦有了這樣的想法就要去做，否則的話，百分之九九也許可以為你帶來成功的想法，只會停留在想法的層面；而當那一瞬間的激情褪去，你又會恢復到那個安於現狀的「廢柴」。

改變現有生活狀態的代價就是，你必須要比別人付出更多的精力，必須要在別人沉迷於遊戲的時候，埋頭不停地朝你想要的方向努力。

自那以後，我每天下班就窩在宿舍裡，別人追劇打遊戲，而我默默寫著又臭又長的文章，拿著微不足道的稿費。

記得當時跟我住同一個房間的朋友，曾戲謔地說：「一千字才十塊錢，那你還不如戒掉早餐，把錢省下來比較快。」

在你成功之前，沒有人會看好你，絕大多數人能做到不聞不問，就已經是最好的狀態了。最怕的是，在你找不到方向的時候，還有人在一旁嘲諷你，勸你放棄。

那之後不久，我就搬出了宿舍，開始漫長的寫文生活。

其實一開始寫文並不順利，因為自己在寫作上存在太多不足，所以寫一篇三千字的文章，簡直要我的命。更要命的是，很多文章投出去後就石沉大海，這樣的心理打擊更讓人難以接受。

但就像我前面說的：你只管努力，那是奇蹟的另一個名字。

漸漸的，不知道從什麼時候開始，我的改稿率越來越低，很多稿子都是一次通過；後來，不少公眾大號開始主動邀稿，我甚至被邀請進駐平臺，打造屬於自己的帳號；出版社看到我的文章後也主動聯繫我，希望可以出版。

從寂寂無名到有人主動邀約，大概是一年半的時間。在這段時間裡，我的收入也從最開始一千字十元人民幣，到後來一篇文章一千、一千五……

在這之間，我也認識了很多優秀的朋友，他們絕大多數都跟我有類似的經歷，而且已經是業內小有名氣、甚至大有名氣的作者，實現了財富自由。不僅可以放棄冗長、投資報酬率低的工作，還能每天自由支配時間，去做任何自己想要做的事。

這世上最幸福的事情莫過於，你的興趣愛好可以支撐你的生活，而寫作這項事業也漸漸比我的主業賺得更多。我開始過上讓不少人羨慕的生活，一個普通家庭出身的「九五後」，拿著還算不錯的月收入，空白的感情生活，也因為一個非常優秀的女孩出現而變得完美。

生活遠沒有你想像中那麼一帆風順。如果我當初沒有咬著牙堅持寫文的話，我想我現在可能還是那個月入三千人民幣的普通人，每天毫無目標、機械性地去做自己不喜歡的工作。

沒有人會剛進入一個新的領域就順風順水，我遇過騙稿的人，也有過修改無數遍仍然被退回的經歷，但這一切苦難成就了如今的我。

當你站得越高，就會發現，賺錢的機會越多，遇到的優秀人才也越多；站得越高，你就越會發現自己的不足，越想要努力去改變。當人生的狀態進入正向循環的時候，你就變成了別人眼中的奇蹟。

如果一開始受到批評就選擇放棄的話，更高處的風景就看不到了；如果你真的想去看看的話，不妨先低下頭，一步一步地走過你必須經歷的路。

當你真正成功時，你會發現，人生的每一步其實都算數，那些曾經的挫折也好，苦難也罷，都會成就你往後生涯的熠熠光芒。

而在成功之前，什麼都不必想，你只需要咬著牙、低著頭，盡情努力就夠了。

人生苦短，趁著激情還在，不妨多去嘗試。如果努力之後仍然沒有收穫，你也可以坦然放棄。但當你要放棄的時候，請一定要問自己：我真的努力了嗎？

月入過萬，是無數年輕人給自己挖的坑

前段時間跟一個剛從上海回老家工作的同學聊天，提及了上海的高薪水和老家三線城市[3]的低薪水。我感慨道：「在三線城市裡要找到月入過萬的工作，實在艱難。」同學突然正色回答說：「在上海月入過萬也不是簡單的事情。」

好多人認為上海、北京這樣的大城市，月入過萬（人民幣）似乎是稀鬆平常的事。但事實上，絕大多數大學畢業生在上海，都很難迅速做到月入過萬。

印象中上海的月入過萬，等同於三線城市的月入三千，如果難以做到月入過萬的話，大學生只怕要在上海街頭討飯了。

可是，多少大學畢業生能在兩三年內就做到月入過萬呢？

3 中國城市依照發達程度的分級。

生活就像海市蜃樓，我們總覺得眼前風光無限，等真正走近了才發現，迷霧之後，是一片死寂不堪的沙漠。

不知從什麼時候開始，抨擊大學生已經變成一種「政治正確」。如果要給大學畢業生畫一幅人物群像的話，其中應當集結了膽小、懦弱、無能、「啃老」、難以溫飽等諸多不良印象。

老畢落寞地從北京回鄉的時候，特意請我吃了一頓飯，然後花了四十五分鐘，打消我離開老家去北京的念頭。

老畢說：「不要總覺得北京很美，在那裡你會遇到很多機遇，看到很多不一樣的風景，可絕大多數的機遇，你就算遇到了也抓不住，絕大多數的風景，你只能做一輩子的圍觀者。」

我們都有一個夢想：在一座陌生的城市裡不停奮鬥，然後終有一日，在那座城市的萬家燈火中，有一盞燈屬於自己。然而，當我們真正去奮鬥之後才發現，很多事情如果不是親身經歷，就無法真切感受到那股無力感。

絕大多數的應屆生，在北上廣深[4]都過著自費上班的生活。

畢業前，我們都憧憬著自己會進一家很不錯的公司，藉由努力奮鬥，被老闆賞識，然後再一步步規劃經營，出任CEO，迎娶白富美，最後走上人生巔峰。

但事實上並非如此，絕大多數普通大學畢業的學生，只能默默做一個普通打工者，拿著微薄的薪水，最常見的就是透過熬資歷來提升自己的薪酬。

像馬雲這樣普通大學畢業的成功者少之又少，如果你參加過烏鎮峰會（世界網際網路大會）就會發現，現在國內名聲大噪的公司總裁們，個個都出身知名大學。對於普通大學的畢業生來說，連月入過萬都是十分艱難的事。

4 意指北京、上海、廣州、深圳等中國四大城市。

沐沐算是我的朋友之中，最成功的畢業生了。大學期間，他的稿費收入就足以支付生活費了。畢業之後，他利用工作之餘寫稿，月收入大概八千人民幣左右。

很多人都說，你再努力努力，很快就會月入過萬了。

但是每當這個時候，沐沐就一臉苦笑：「你不知道我花了多大的力氣才做到月入八千，剩下的兩千元我已經無能為力了。」

每個人都沒有網路社群裡看起來那麼光鮮，在老家這樣的三線城市裡，月入八千已經是絕大多數勞動者此生薪資的終點了。而沐沐不過剛畢業一年，可是其中付出的汗水又有幾個人知道呢？在別人滑手機打發時間的時候，沐沐強忍著腰痠，在電腦前不停寫文。

一次次改稿，一次次拒絕，幾次三番想放棄，可最終他還是選擇了堅持。沐沐說：「想過上什麼樣的生活，就需要付出什麼樣的代價。」

從脫掉學士服的那一刻起，就注定了社會的風雨需要我們自己去承受。月入三千也好，月入過萬也罷，社會的風雨不會因此而消減半分，只會用越來越猛的狂風驟雨迎接我們。

知乎上有人問：如何才能藉由兼職變成月入過萬的「斜槓青年」？

很多所謂的成功者在下面給出了建議，但其實提問的人並不想付出代價。他們想要的是用最簡單的方法，得到最大的收益，最好不要付出代價！可是這可能嗎？月入過萬就像魔咒一樣，制約著每一個剛從大學畢業的年輕人，催促他們不斷奮進。

然而，在努力的過程中，他們漸漸變得麻木，每天枯燥的工作內容，定點上下班的生活作息，一點一點地限制了他們的夢想。

從最開始的月入過萬，到後來的月入八千，再到後來的足夠溫飽，到最終的渾噩度日，只需要兩三年的功夫，月入過萬的夢想就會消失，而我們也成功從一個幹勁十足的年輕人，過渡成混日子的社會人。

在高速發展的現代社會裡，越來越多年輕人陷入一夜致富的幻想中。與此同時，早早站在食物鏈頂端的人則開始制定規則。大家一定看過這類的文章，或是課程內容：十節課教你月入過萬。

二十天出版一本書。

如何才能成為月入過萬的「斜槓青年」？

……

為什麼幾乎所有的課程都在強調「月入過萬」這四個字，因為月入過萬是大多數年輕人一直幻想，卻始終也達不到的目標。

但你不知道，那些教你月入過萬的課程老師，很可能只拿五千元的薪水。當然，如果他們課程賣得很好的話，也許能月入過萬。

而那些月入過萬的「斜槓青年」的辛苦，也可能不是你能夠忍受的。他們在深夜寫文，在深夜學習。他們一點一點充實自我，而你卻在一點一點浪費自我。

相信我，這個世界上從來沒有什麼迅速致富的方法。

所有的成功，都只不過是厚積薄發。

人生的每一條路都不是彎路，你所遇到的每一個人都是貴人。

你遇到過渣男，但他教會你在戀愛中也要保持自我；

你遇到過騙子，但他教會你如何在成人世界裡生活；

你曾因為興趣學過某樣樂器，雖然後來放棄了，但卻在某次公司迎新會上，彈奏了你最擅長的歌，豔驚四座……

沒有方法可以迅速致富，但有很多種方法能讓你心安。在成功來臨之前，你只需要用心走好腳下的路。

不要想太多，命運會給你所有你應得的東西。

真正的人生自由，從控制你的閒暇時間開始

每次在社群裡晒自己寫文的成績，評論區都會有好友表示羨慕，更有人會問寫文賺錢的速成法。這樣的人通常會在我說起自己堅持寫文兩年卻沒有半點收穫的時候，打個哈哈不再繼續問下去。

羅素（Bertrand Russell）說：「支配人不斷奮發向上的，是他們無處安放的勃勃雄心。」

在靠寫文賺外快之前，我總是在想該如何靠寫文賺到人生的第一桶金，而當我真正成功之後，我的社群裡也多了一些更優秀的人。

我漸漸發現，所謂的成功只是一時的，你每達到一個大目標都只不過是這個人生階段的一個小目標而已。而那些看起來遙不可及的成功者，其實沒有一時一刻停歇過，他們的

人生自由，都是從控制自己的閒暇時間開始的。

因為寫文的緣故，我經常會接觸到出版傳媒行業的工作者。

去年為了完成一篇人物專訪，有幸跟本地傳媒行業的一位大前輩做了深度交流。在提及社會更新換代的速度不斷加快時，前輩突然感慨了一句：「我現在是越來越怕你們這些後生了，十年前你要是告訴我紙媒有一天會式微，什麼公眾號、新媒體會全面占領市場，打死我也不信。」

那些我們曾經以為可以安穩一輩子的工作，似乎轉眼間就變成了朝不保夕的夕陽產業。可冷靜下來就會發現，每個產業在變成夕陽產業之前，都有相當長時間的預警。更耐人尋味的是，在那麼多畏懼朝不保夕的人潮中，總有一些人能脫穎而出，並迅速實現職業轉型，獲得自己的人生自由。

無論何時何地都能實現人生自由的人，通常會被稱為成功者，並被外界渲染成沒有後顧之憂的富二代、機敏睿智的決策者等等，總之就是具備一些平凡人沒有的特質。

這是失敗者的自我合理化：因為像我這樣的普通人沒辦法擁有那些特質，所以我注定失敗，而他們注定可以成功。

事實上真的是這樣嗎？不盡然。

曾聽過一句話：工作之外的八小時，才是人與人之間的根本差異。

絕大多數人下班之後，什麼都不想幹，什麼都不願意幹，所以「葛優躺」、打遊戲、逛淘寶、追劇等成了生活常態。

至於悠閒的週末就更不必說了，白天用來補眠，晚上用來狂歡。其實抖音真的沒什麼好滑的，電視劇也沒什麼好看的，但不知道為什麼，不熬到那個時間點就是不會去睡覺。

接下來的無限迴圈就是當代青年的生活日常了：追劇→熬夜→睡懶覺→取消計畫→發誓按時睡覺→追劇→熬夜……就這樣無盡輪迴，讓絕大多數人淪為平庸，只能在物價越來越高的社會現況下抱怨薪水太低，工作太累，人生沒有目標。

可是那些人生自由的人，下班後的時間是怎麼度過的呢？

接下來的故事聽起來很像是推銷課程的文案，但有些人的人生就是如此勵志。

朋友劉楠是個普通院校的大學生，二〇一三年剛畢業的時候，用她自己的話說，就是畢業如失業。市場行銷看起來是個到處都吃得開的科系，但也就意味著沒有特殊的優勢。

在蹉跎了整整兩年之後，為了擺脫朝八晚五、月入三千的文書工作，劉楠開始想要改變，想要和社群裡的人一樣，實現人生自由。而自由的背後，是要比別人付出更多，而且在你成功之前，甚至不知道自己能否成功。

之前有句話非常流行：你只有非常努力，才能看起來毫不費力。

沒有人知道劉楠付出了多少努力，只知道當她遞交辭呈的時候，她的公眾號已是粉絲近百萬的大號了。光是流量費和廣告費就足以讓劉楠在老家這個三線小城市裡笑傲江湖，更不用說她從公眾號出發，又衍生出一系列自媒體矩陣。

所有人都感慨劉楠文筆好，卻沒有人知道劉楠曾經連五十元一篇的稿子都被退回來改了無數遍；所有人都感嘆劉楠的成功，卻沒有人看到她三年來從未間斷發文的堅持。

努力是天賦的另一個名字，堅持是成功的唯一途徑。

蘇格拉底曾要學生們每天堅持揮手，十天之後響應者還有大半，一個月後響應者寥寥，一年後還堅持做這一動作的只剩下一個人，他叫柏拉圖。

真正的成功，從學會控制自己的下班時間開始，要想控制自己的下班時間，就必須做到堅持。

這世上幸福的事情有很多，但我想，用自己的堅持和努力，去活成你想要的樣子，應該是所有人對幸福的共識。

日本壽司之神小野二郎，九旬高齡仍然堅持做壽司，他曾這樣解釋所謂的匠人精神：一輩子只做一件事，並把這件事做到極致。

所以，如果人生太難，生活太紛繁，你沒辦法找到自己的方向，那就不妨靜下心來，從克服自己的惰性開始，學會控制自己的下班時間。

從此刻的生活模式中脫離出來一定很難，但只要你成功走出來，就會發現，人生又是另一種風景。

為什麼現在的年輕男女越來越薄情？

表弟剛考上大學時，我特意發訊息調侃他：「你和那個喜歡了三年的女生終於可以光明正大在一起了。」

沒想到表弟回覆道：「她沒考上大學，我和她分手了。」

表弟接下來說的話，讓我久久難以釋懷。

「我當然喜歡她，我跟她分手的時候，哭得比她還傷心，但我知道如果不和她分手，以後帶給她的傷害會更多，兩個注定不可能在同一個世界裡的人就不要開始了。」

經常聽到父輩評價我們這一代的年輕人，在處理感情的問題上既幼稚又薄情。年輕男女對每一段感情都不夠投入，而結束一段感情的時候又顯得非常倉促。總而言之，父輩對現在年輕人的看法，整體而言就是兩個字——薄情。

薄情真的已經變成現代男女的感情常態了嗎？

前段時間回老家，聽聞剛上二年級的小姪子寫情書給同桌的女生，被老師抓包，情書上歪歪扭扭地寫了一句話：

我喜歡你，你不喜歡我也沒關係，反正我喜歡你。

長輩們都將這封情書當作笑話，但事實上，這反映出一個現象：現在的孩子思想越來越成熟了。最可笑的是，父輩還在用他們落後的認知觀念去理解年輕人，把青年男女在面對感情時所做出的反應，認定為幼稚和薄情。

其實，年輕人比父輩考慮得更多，正是在成熟地思考之後，才會做出這樣的決定。

現在的年輕族群都有一種心態：談戀愛是極度消耗時間和精力的事情，如果沒有十足的把握讓這段感情從一而終的話，那麼寧可不談。

正是基於這樣的心態，很多年輕人寧可選擇單身，也不願意將就。因為他們知道，相較單身而言，和一個錯誤的人在一起更可怕。

與傳統觀念不同的是，當代青年男女更崇尚獨身主義，即便是一個人也能把生活過得有聲有色。

一個人有一個人的活法，不需要同情側目，不接受差別待遇。

顧漫的小說《何以笙簫默》塑造了一個完美男人的形象——何以琛。女主角趙默笙因為家庭變故，離開中國前往美國，何以琛在完全得不到對方音訊的情況下一直保持單身，並在趙默笙回來後與她再續前緣。

朋友看完《何以笙簫默》後感慨了一句：「這本小說塑造了一個完美的男人。可不知道為什麼，當我看完這本小說的時候，不是期望未來能出現這麼一個完美的男人，而是總想起我曾經愛而不得的人。」

在我們的青春記憶裡，總會存在那麼一個人，無論我們怎麼喜歡他，他都像是熾烈的太陽，讓我們越靠近越痛苦。

年輕時候的愛不問緣由，年輕時候的離開也悄無聲息。那些青春記憶裡的悸動，我們往往會用各種辦法壓制住，然後交給時間去癒合。

可是每當我們看到美好的愛情故事，抑或是看到恩愛的情侶，仍然會想起那個人。我們會在心裡幻想，如果自己此時此刻跟那個人在一起，會怎樣呢？

就是因為有這樣的念頭存在，所以當我們被年齡和環境所迫，不得不去嘗試接觸其他對象時，只要對方身上出現些微不符合自己擇偶條件的缺點，那個已經沉寂許久、以為再也不會想起的人，便會再次出現在我們腦海裡。

其實我們心裡明白，那個讓自己愛而不得的人身上，一定有著我們還沒發現的缺點，只不過我們習慣用仰視的姿態去看對方。最終，我們還是無法繞過心裡的那道坎，不願意將就。

有時候，年輕人哪裡是薄情，我們只是被生活倉皇地分配了一個對象，然後在相處之後發現彼此不合，便快刀斬亂麻地選擇分手。

年輕男女之所以選擇單身，不是為了去等那個永遠得不到的人，而是在等時間與自己和解，在等自己可以很坦然地去接受新的對象。

大學時期在社團認識了一個學姐，人長得漂亮，能力也很強，追求者絡繹不絕，但她始終沒有談戀愛。我畢業兩年後，有一次在街頭偶遇，她仍然是單身狀態，但已經成為職場女強人。

那時她三十歲，是在傳統觀念上已經貶值的年齡。

在咖啡店裡，學姐很優雅地端起一杯咖啡，然後笑咪咪地對我說：「很多人都說女生過了二十五歲就開始貶值，但這只針對那些沒有能力獨自生活的女生而已。」

真正有能力的女生，在任何時候、任何年齡都不會貶值，相反的，她們的魅力會吸引一批又一批的追求者。

我覺得學姐說這話的時候很帥，現在回想起來，她的話實在是太有道理了。年輕時不要貪圖安逸和眼前的花前月下，因為在固有的社交圈裡遇到的，都是如你一般平凡的人。等你跨過圈子，突破階層之後，你遇到的人和事，會是你曾經想都不敢想的。

所以很多年輕人都秉持這樣的想法：在安身立命之前不談戀愛，沒有成熟的物質基礎之前，一切的戀愛都是鏡中月，水中花。

也有越來越多女生明白：靠天靠地靠丈夫，不如靠自己。無論是戀愛關係還是婚姻關係，都不是附庸與被附庸的關係，女生只有隨時保持獨立的靈魂，才能在愛情的戰場上永遠立於不敗之地。

就像電影《艾瑪》（Emma）裡的臺詞：

我會變成一個富有的老女人，因為只有那些窮困潦倒的老女人才會被人嘲笑。

所以說，現在的單身男女哪裡是薄情，正是因為他們夠深情、夠成熟、夠勇敢，才願意堅守本心，不被世俗種種牽絆。

他們更加快意恩仇，願意為了一個人等待；願意在最美好的年紀，為了自己的理想奮鬥。

比起脫單，我們有更重要的事情去做。

怎麼辦？我好像輸不起了

在網路上看到一則報導：一．七六億獨生子女罹患養老焦慮，不敢死，不敢遠嫁，不敢窮，特別想賺錢，因為父母只有我。

突然感覺我們這一代人真是太窩囊了，一邊想著要靠自己的力量擺脫日漸平庸的命運，在這個社會裡闖出一片天；一邊又在該行動的時候充滿顧慮。

成功人士告訴我們不要顧慮太多，大部分情況都是自己胡思亂想。但真的是這樣嗎？事實上，很多顧忌還真不是沒事找事。

前段時間一直在籌款準備創業的老周，突然把向我借的兩萬人民幣又還給了我，還錢之餘，他還打趣道：「很抱歉，讓你失去高級合夥人的身分。」

印象裡老周一直是個敢闖敢拚的人，大學四年他不知道嘗試了多少方法賺錢。大學一畢業，他和其他人不同，又開始了自己的創業計畫。

短短幾天內，他籌集了兩百萬元資金，打算到新媒體行業去闖一闖。可還沒開始，這個計畫就擱淺了。我向他詢問緣由，他苦笑著說道：「當我一張又一張地寫著欠條的時候，我的手不由自主抖了起來。我突然意識到，如果這次失敗的話，我很可能會一無所有。而且一無所有並不是最可怕的，最可怕的是，我可能會連累已經快退休的父母，我不想讓他們的晚年在追債聲中度過。」

我乾笑了兩聲，不再說什麼。雄心壯志如老周，之後也和絕大多數人的人生軌跡一樣，進入一家看起來不錯的公司，拿著固定的薪水，過著平凡的生活。

我們這一代人可以去闖，但很遺憾的是，絕大多數人都沒有東山再起的機會。

每個人都不是一座孤島，我們的身上是社會關係的總和。

我們不僅僅為自己而活，身上也背負著家庭的命運。

我經常聽老一輩的成功者在酒後說起自己當年是如何勇敢地拒絕平庸的生活，去冒險、去闖蕩，然後才獲得今日今時的社會地位。他們得意之餘，還會痛斥現在的年輕人已經失去志氣，不如他們當年那般願意吃苦，敢於拚搏。

真的是這樣嗎？

沒有人願意平庸地度過一生，但問題在於，我們是否有孤注一擲的勇氣。這樣的勇氣不僅僅來源於自身，更來源於我們背後的父母。

世界上有一種深情是：無論你落魄到何種地步，我都會陪在你身邊，無怨無悔。

可正是這樣的深情，讓我們不得不在冒險的時候再三考量：成功的可能性到底有多大？一旦失敗的話，會面臨怎樣的後果？這樣的後果是否是我們能接受的？

沒有人能夠在事件發生之前，將所有的因素都考慮周全，然後得出一個不可能失敗的計畫。而問題在於，如果我們在執行的過程中陷進去了，再想回頭會不會太難？

還記得畢業前的最後一次宿舍茶話會，宿舍五個兄弟坐在一起，暢想著未來，那時候我給自己定了一個目標：畢業三年，月薪過萬。

而如今的現實告訴我們，曾經的目標有多遙不可及。沒有人願意過平庸的生活，可讓我去創業，我真的敢嗎？

創業不可怕，可怕的是一失敗就再也爬不起來了。尤其到了三十而立的時候，我們身上的負擔會更重，漸漸成為家庭的頂梁柱，日漸年邁的父母，嗷嗷待哺的孩子，一個家庭所有的日常開銷都落在自己身上。

我們能做的，就是在這按部就班、不慍不火的生活裡，想盡辦法讓自己的薪水再提高那麼一點點，而不是將心思放在如何創業、獲取更多的財富上。

如果有一天，當我們老去，孩子抱怨為什麼我們沒能提供他優渥的生活環境時，我們不應該感到自責，而是應該很理智地告訴他：

「每個人的人生都有各自的狀態，夢想真的很重要，希望你無時無刻都不要忘記自己的夢想，但比夢想更重要的，是你身上背負的責任！」

我們可以羨慕那些孤注一擲，最終取得成功的人，但也無須為當年自己因為輸不起而放棄深深自責。

拚盡全力，努力工作，賺錢養家，你比任何人都偉大。

沒你的關心，也許我會過得好一點

朋友前兩天結束了長達三年的戀情，和那個她曾賭咒發誓要在一起的男生分道揚鑣。

我有點不理解她為什麼突然這麼決絕，她一邊解釋，一邊回憶著曾經的美好。

「確認關係後的第一個生日，他和室友在網咖打遊戲，沒有陪我，只是零點在社群裡為我發了生日祝福，連配圖的蛋糕都是盜用的。

「後來畢業開始找工作，我找了一份在郊區的工作。租房子搬家的時候，他正和一票哥兒們舉行畢業狂歡派對，推說明天可以幫我搬家。第二天我將一切安頓妥當後，他打電話來責備我自作主張和迫不及待。

「等一切都穩定下來，我們兩個去見家長。他媽媽在飯桌上對我百般刁難，他一言不發，又在事後打兩個小時的電話來開導我，說忍一時風平浪靜。」

而即便是提出分手後，男生仍然細數著曾經的美好。看到復合無果，男生紳士且真誠地告訴我朋友：希望未來可以一片坦途，無論將來如何，有事可以隨時找他。

旁人眼中這個男生是個滿分男友，零點發祝福，真有心；溫存後相擁入眠，真有愛；責備女生擅自作主，真有男友力；用兩個小時開導，真溫柔。

「可是這些關心有用嗎？」朋友反問道，「我要的不是你網路上的祝福，也不是你在我生理痛的時候的擁抱，更不是男友力和開導，這些關心對我一點用都沒有，我要的是實質的愛，不是你只停留在嘴上和網路上的關心。

「如果你真的關心我，麻煩你在我最需要的時候，出現在我身邊；如果不能的話，請你不要在事後關心我了。

「因為沒有你的關心，我可能會過得更好一點。」

我的前同事楊姐，她的通訊軟體好友列表中有個老同學。自加了好友以來，那位老同學就沒找過楊姐聊天。沒想到去年開始，那位老同學每天都會發給楊姐一個因為重疾導致家庭赤貧的案例，並不遺餘力地為楊姐推薦各種保險方案。

每次楊姐在社群裡發生活動態，老同學都會扯到買保險上面。

小孩感冒了——現在孩子體質弱，買個重疾險保平安，等有個三長兩短就晚了。

開車出了個小事故——現在私家車越來越多，買個車險防意外，天有不測風雲啊！

新房子裝修——不要想著成年人體質好，現在因為甲醛超標導致成年人患白血病的案例很多很多，還不快買個保險！

後來，楊姐就把那位老同學刪除了，那人在後來的同學聚會上還陰陽怪氣地諷刺楊姐擺架子。

很多人都對楊姐說：「你視而不見不就得了，幹麼非要刪除好友啊，挺尷尬的。」

楊姐說她不排斥買保險，但排斥那些平時不出現，一出現就帶著赤裸裸功利性目的的人。更讓人反感的是，所有的一切都偽裝成關心的樣子。

我明明是為你好啊，你怎麼能這麼做呢？抱歉，如果你真的為我好，那你之前幹什麼去了？

拒絕廉價的關心，我已經過得很辛苦了，請不要再讓我違心地去感謝你那些毫無價值的關心，好嗎？

成人世界裡，每個人都戴著厚重的偽裝，彼此都不知道此刻看到的面孔下藏著怎樣的一個人，唯一能冰釋偽裝的，就是彼此相處時不經意的關心了。我會因你在我咳嗽時遞來的止咳劑而感恩，甚至你隨口一句「昨夜著涼了」也能讓我心頭一暖；我會因你在我加班時為我送來的小餅乾而感恩，甚至你臨走時的一句「我先走了」也能讓我舒心一笑……

你不帶著任何功利心，只是為了讓我更好才來跟我說話或開導我，那才是真正的關心。

你對我只有一點點好感，這沒有關係；你對我一點也不感興趣，這也沒關係；甚至你討厭我、恨我，都沒有關係。每個人都有表達意願的權利，可你千萬不要虛偽地關心我，我怕我心底的負能量會吞沒你。

任何沒有現實意義，帶著目的性的關心，都停止吧！因為這非但不會為現實帶來任何改善，甚至還會因為敷衍應對而引來彼此更多的不快。

沒你的關心，也許我會過得好一點。

學會和自己對話

胡歌曾在二〇一八年伊始，分享亞曼尼（Armani）廣告的幕後故事，他說：「面對需要抉擇的時刻，我選擇坦然面對，我選擇和朋友分享，我選擇與自己對話。」

與自己對話，可以說是胡歌這幾年來提到最多的一句話。也正是這句話，讓胡歌撐過了因為車禍而陷入無邊絕望的日子；也正是這句話，讓胡歌從二〇〇五年的李逍遙，蛻變成二〇一五年的梅長蘇。

學會和自己對話，即便眼前一片黑暗，心中仍有明燈。你會發現，那些你曾跨不過去的坎，都可以從自己找到解決方法。

其實道理我們都懂，只是需要時間去接受。

胡歌在二〇一六年曾拍過一部微電影，名為《讀自己》。這不僅僅是廠商的品牌廣告，也是胡歌這幾年來的人生寫照。在微電影末尾，他說道：「繁華世界，越讀，越懂自己。」

二〇〇六年，剛剛拍完《仙劍奇俠傳》大紅的胡歌，在坐車趕往橫店拍戲的路上遭遇車禍，助理當場死亡，他本人也面部嚴重受損，九死一生。對於一個當紅偶像來說，面部毀容和長時間息影，幾乎可以說是為他的演藝生涯宣判了死刑。

突然的變故，給胡歌帶來的打擊有多大，已經不言而喻。但在經歷短暫消沉後，臥病在床的胡歌開始咬牙面對殘酷且令人絕望的現實。面對只能住院，什麼也做不了的現實，胡歌選擇一邊讀書一邊寫作，讓自己過去因為拍戲而無法沉澱下來的內心得到充實。

面對嚴重毀容，可能一無所有的現狀，胡歌用母親的話寬慰自己：「車禍是上帝在你臉上開了一扇窗，為了讓更多人看到你的內在。」

面對離世的助理，以及釀成這起事故的罪魁禍首，胡歌選擇用盡所有去彌補，拚盡胸懷去原諒。

胡歌在病中寫了《幸福的拾荒者》這本書，並將所有版稅收入給了助理的父母，更以助理的名字為捐贈的希望小學命名，用這種方式永遠紀念她。而更讓人佩服的是，胡歌再次收留了司機，他說，如果他不施以援手的話，司機的人生就澈底毀了。

在那段黑暗的時期，胡歌就是用這種方法，不斷和自己對話，接納自己的不完美，接納所有的曾經，讓那些跨不過去的痛苦和折磨都可以合理地發洩和彌補。

人在絕望的時候，最容易迷失自我，在看不到盡頭的黑暗裡，一步步走向深淵。在絕望中，人們因為找不到出路而痛苦，但如果可以多一點清醒，冷靜地和內心對話，熬過那段晦暗的時期，你會發現命運的苦難，終會成為你的一身鎧甲。

對於很多年輕人來說，慌亂和迷茫是常態。該怎麼熬過迷茫的歲月，讓無處安放的靈魂得到一處棲息之所？那就是和自己對話，明白自己想要的，然後拚盡全力去做、去嘗試，你比想像中更強大。

出身清華園的高曉松從小就是「別人家的孩子」，無論是從家世還是成績來看，進入名校，考研、考博，然後成為高級知識分子才是他的人生道路。

事實上，高曉松也曾一度陷入迷茫，是否該按照父母的期待，讀完清華，出國留學讀博士，然後和父母一樣成為某領域的科學家呢？但是很快，高曉松就清醒過來，他離開人們夢寐以求的頂級名校，背著一把琴去了南方的廈門，追尋他心中的詩和遠方。

追求夢想要付出很多代價，即便才華橫溢如高曉松，在最艱難的時候，也因為沒錢叫車而到廈大的女宿舍躲雨。

一個落魄潦倒的男文青，遇到一群可愛青春的女大學生，再之後就是〈同桌的你〉、〈白衣飄飄的年代〉、〈青春無悔〉等青春歌曲相繼出爐，高曉松也正式掀起校園民謠的熱潮。

之後，高曉松進軍電影圈，處女作《那時花開》一出世，便豔驚四座，從曾經清華大學電子工程系的學生，變成了名動天下的音樂人、導演、製作人、詞曲創作者。

正如高曉松說的：

年輕的時候，每件事情你都想明白，因為老覺得有事情不明白，這就是生活的慌張。後來等老了才發現，那慌張就是青春，你不慌張了，青春就沒了。

迷茫是年輕的特權，你可以迷茫，然後不斷去嘗試，最後在迷霧中找到真正屬於你、且適合你的人生路。

比起學會與自己對話，更重要的是學會與自己和解。

俗話說，不如意事常八九，能與人言無二三。你不得不承認，一帆風順並不是人生的常態。人生路上會遇到很多問題，有些問題是永遠無法解決的，這種時候你就要學會與自己和解。

電影《後來的我們》敘說了一個道理：愛而不得，其實是人生常態。這世界上最大的死局，其實就是一廂情願。愛情是沒辦法勉強的，無論用什麼方法，對方不愛你就是不愛你。

有讀者在後臺發訊息：「我那麼愛他，他為什麼不喜歡我？」

這位讀者把網路上說「好女友該做的事情」全做了，把自己感動得稀里嘩啦，但深愛的男人還是冷漠地選擇離開。分手後，她又將網路上教的復合攻略用了很多遍，她覺得已經窮盡了所有辦法，但那個男人連一刻也沒有停留，頭也不回，走得更快了。

她說：「該做的我都做了，為什麼他就是不愛我？」

我想說的是：「愛情從來就不是天道酬勤，努力就有回報不適用於愛情。」

你要學會與自己和解，說服自己接受對方永遠不會愛你的現實。

愛而不得很痛苦，來自心靈的煎熬，也許會讓你澈底失去對這個世界的期待，讓你走入絕境，再也沒有辦法走出來。

但人生並不是只有眼前這條路可以走，並不是沒有這個男人，你的人生就會成為悲劇。你的人生明明還有無數未知的可能性，要慢慢學會與不愛你的人和解，與過不去的自己和解。

和自己對話的過程，就是不斷自我開導的過程。

在不明白自己想要什麼的時候，先想清楚自己不要什麼；在陷入失戀陰影無法走出的時候，先想清楚那個愛而不得的人是不是對的人。

不知道自己想要做什麼，就讓那些曾經在腦海裡靈光一現的想法變成現實，人生最幸福的事就是實踐夢想。沒有人愛你的時候，你就更要好好愛自己，連你都不好好對自己，還指望遇到一個視你如生命的人嗎？

餘生很長，不要慌張。

人生走過的路，每一步都不會白走。那些苦難和折磨，會成為你成功路上的風景。

我不是沒人要，只是沒找到意中人

曾聽過一句話：相親是當代青年男女向父母妥協的第一步。大概是寫情感文章的緣故，身邊很多人都願意跟我分享他們的故事。這兩天聽了一位讀者的故事後感慨萬千，在這裡分享給大家。

那位讀者今年二十九歲，準確來說，過了年就三十歲了。作為在上海打拚的職場女性，這個年紀並不尷尬，但是對於老家是四線城市的她來說，每年過年回家，逼婚和相親都是繞不開的話題。

從正月初一到正月初七，在她啟程返回上海之前，每天都會被排滿相親的行程。從言語中我能聽出她的絕望，而她父母在憤怒之下居然說了一句話：「早知道你去上海會變成這個樣子，從一開始我就不應該讓你上學，你說你高學歷，長得也不錯，原生家庭又是本本分分，沒什麼瑕疵，為什麼偏偏沒有人要你？」

這樣的話在她聽來，無疑是對過去二十幾年學習工作生涯的響亮「打臉」。用她父母的話來說，那個曾經向她表白的同村哥哥，第二個孩子都快出生了，可是她連一個曖昧的對象都沒有。末了讀者說：「我並不是沒人要，我只不過是在等待那個意中人而已。」

在大城市奮鬥的青年男女經常會有這類焦慮，父母保守地希望他們早日成家的心理，和他們自身想要追求完美、不願意妥協的心理相衝突。在這樣的衝突下，絕大多數人會選擇妥協，因為他們拗不過原生家庭，熬不過自己越來越空虛的內心。看著周圍人出雙入對，而他們只能和日漸高聳的髮際線相伴，這樣的煎熬，但凡是個人都沒有辦法忍受，因為人是會被環境改變的動物。

對他們來說，也許妥協是解決所有問題最好的辦法，但對少部分人來說，與其妥協，不如繼續堅持下去，既然已經堅持了這麼久，為什麼不等到那個真正的意中人出現呢？

經常會聽到這樣的說法：沒有人可以找到自己理想中的人，你必須要妥協，如果不妥協的話，你很快就會發現，自己再也沒辦法愛上別人，更不會有人愛上你。因為無論是男生還是女生，只要錯過了那個年紀，就不會遇到好的對象了。

說實話，作為一個當代新青年，也許絕大多數人都會勸你不要妥協，因為妥協之後，你的內心會有不甘，往後你們會有長達數十年的同居生活，但凡有一點不甘在你心裡，哪天你一定會為了某個不經意的錯誤而爆發。這樣的婚姻不會長久，與其將就，不如現在繼續堅持下去。

但我認為，婚姻的本質是生活，而生活的本質就是妥協。所謂的妥協並不是讓你放棄所有的標準，而是希望你在一些無關緊要的標準上讓步。

也許你一開始的標準是身高一七八公分，但我想如果對方一七五，而且長得還算不錯的話，為什麼不試著在一起呢？

也許你的標準是對方要有房有車，房子還不能貸款，但如果對方真的很上進，是個潛力股的話，你為什麼不跟他一起湊頭期款，然後兩個人一起還貸款呢？

很多時候，父母所謂的妥協也不是希望你放棄所有的標準，而是希望你能在一個贏面比較大的情況下，留住你最完美的狀態。

不得不承認，婚姻對女生本來就不公平。男生也許到了三十歲，別人會誇他有男人味，甚至會誇他成熟有擔當。這樣的男人不會缺年輕女孩，可一旦女生過了三十歲大關，無論你多優秀，在一些人眼中，你就已經貶值了。所以，與其堅持自己所謂的標準，不如在一些無關緊要的地方讓步，試著在一起。

也許一開始他給你的印象並不滿意，但在接觸之後你可能會發現他有很多閃光點，而這些閃光點就是支撐你們一路走下去的基礎。

曾聽過一句話：你在親戚眼中是什麼貨色，從他推薦給你的相親對象就知道了。

大家一定都有過類似的憤慨，自己明明條件還算可以，但不知道為什麼，親戚推薦來的對象都是一些很奇葩的人。也正是這些奇葩的相親經歷，讓你進一步抵觸相親，甚至一提相親就會暴跳如雷。

其實，相親也是一種脫單的途徑，藉此去認識平素根本不可能認識的人，也沒什麼不好。所以，適齡的未婚男女千萬不要把相親視為洪水猛獸，而是要用平常心去看待，即便對方不符合你的心意，但多個朋友也沒什麼不好。

愛情最奇妙的地方不也正在於此嗎？你會和一個素昧平生的人產生一些奇妙的關係，然後在此生結為靈魂伴侶，所以千萬不要放棄任何一個可能讓你脫單的機會。但更重要的是，千萬不要放棄關係到你價值觀的標準。

那麼，什麼才算是價值觀的標準呢？

舉一個非常典型的例子：我喜歡看書，你不喜歡看書，這不叫價值觀不合；我喜歡看書，你不僅不喜歡看書，還告訴我讀書是無用的事情，這才是價值觀不一致。

如果可以的話，不妨多去認識一些人，不妨放棄一些根本無關痛癢的標準，那個命中注定的人，也許就在你的身邊，只不過你從來沒有發現而已。

一個人，也要活成自己的千軍萬馬

我曾經參加一個關於製作短片的課程，授課老師以李子柒為例，會為大家詳細講述如何打造優質熱門的短片。在課程的最後，老師說了一段話：

絕大多數的失敗者通常是沒有找對方向，而找對方向的失敗者絕大多數是敗給了一個人的孤獨。成功的路上同行者會越來越少，而你必須一個人活成自己的千軍萬馬。

作家冰心說：

成功的花兒，人們只驚羨她現時的明豔，然而當初她的芽兒，浸透了奮鬥的淚泉，灑遍了犧牲的血雨。

如今的李子柒在人們眼中已是短片領域的佼佼者，但成功以前的她經歷了漫長的沉潛，一個人拍攝，一個人剪輯，為了選擇好的角度，經常同一個動作拍上幾十遍。

每個成功者的身邊都聚集著千軍萬馬，但在他成功之前，他往往已經活成了自己的千軍萬馬。

在家無聊的時候，我經常會翻出一些經典老電影來消磨時光。在這個資本和流量為王的時代，那些歷經時間考驗，無論何時重溫都讓人有所體會的老電影裡的老戲骨，他們的人生際遇本身就充滿了傳奇。

作為香港電影皇冠上的明珠，周星馳的無厘頭電影無疑是一代人不可抹去的記憶。而要想創造出一部歷久彌新的經典電影，光靠主角是不行的，沒有那些甘願陪襯的綠葉演員，電影就會顯得單調乏味。

印象中我看的第一部周星馳電影，便是那個紅遍大江南北的《唐伯虎點秋香》，讓我印象最深刻的，除了周星馳，便是那位由鄭佩佩飾演的華夫人。

在戲中表情豐富、情緒多變的華夫人無疑給《唐伯虎點秋香》這部電影增添了不少光彩，但很少有人知道，華夫人是鄭佩佩闊別影壇後復出的第一個角色。

作為第一代武打女明星，鄭佩佩選擇在二十三歲那年急流勇退，告別五光十色的影視圈，追隨丈夫遠赴美國。為了滿足公婆抱孫子的心願，鄭佩佩懷孕八次，流產四次，用常人難以想像的毅力，一個人在懷孕流產過程中，扛起了整個家庭的重擔。

在美國的那段經歷應該是鄭佩佩人生的最低谷，拋下多年努力打拚的演藝生涯，最終卻還是所託非人。生下三女一男後，鄭佩佩在做生意虧本數十萬美元的情況下，於一九八九年淨身出戶，告別了那樁錯誤的婚姻。

香港文化名人蔡瀾曾在接受記者採訪時，提起好友鄭佩佩：「在美國的那些年，只知道她頂下一家人的生活，沒聽過她先生做了什麼。」

承受太多痛苦的鄭佩佩並沒有就此自暴自棄，相反的，在那段無人疼愛的人生境遇裡，鄭佩佩學會一個人去面對世界的紛擾。如果婚姻已經走到盡頭，那就及時止損；如果第一代武打女星的光環已經失效，那就從頭來過。於是一九九三年，鄭佩佩以華夫人一角重新回歸影視圈，並於二〇〇一年以《臥虎藏龍》中碧眼狐狸的出色演出，奪得金像獎最佳女配角。

鄭佩佩說：「《唐伯虎點秋香》開啟了我表演生涯的第二春，我不能一生都用《大醉俠》來維持自己的演藝工作，整個環境變了，我試著放下自己去接受新的挑戰。」

一次次的苦難，一次次的挑戰，一次次的磨練，一次次的蛻變，隨著時間流淌，鄭佩佩活成了自己的千軍萬馬。

「我覺得我沒辦法成功。」

我曾在深夜收到讀者的私訊。在即將考研的節骨眼上，男朋友跟她分手，三年的戀情隨著一句「分手吧」而告終。女生回憶起從前的點點滴滴，頓時覺得前途渺茫。

「沒有他我真的活不下去，我已經習慣他幫我打理好一切了。」

就像所有人憧憬的愛情一樣，那個滿分男友在戀愛期間包辦了女生的所有日常，從每天準時的電話鬧鐘，到日常的小驚喜，女生感覺自己被愛包圍，什麼都不用思考，什麼都不必理會。但等這個曾經承包一切的男朋友變成前任的時候，那些過去被呵護而養成的天真爛漫，便成為女生的致命傷。

「其實，你沒有你想像中那麼弱，只不過你習慣了被呵護，如果已經沒有人呵護你的話，不妨試著自己呵護自己。」

如果沒有了電話鬧鐘，那就自己設定好鬧鐘；如果不知道該怎麼儲值繳費，那就自己去摸索嘗試；如果考研缺少人監督，那就去圖書館自習室之類學習氛圍濃厚的地方。最艱難的從來不是事情本身，而是你能否邁出第一步。

雖然不知道那個女生後來怎麼樣了，但我想如果她能聽進去的話，那曾被人主導的人生終會重新回到她的手上。被愛永遠是幸福的，但即便是浸潤在愛情裡，也要保留自己的堅強和勇敢，因為沒有人能保證，這個此時此刻跟你如膠似漆的人，在下一個人生階段還會不會陪在你身邊。

我衷心祝願每個人都能「願得一人心，白首不相離」，但如果無奈事與願違，也千萬不要忘記那些你曾經一個人櫛風沐雨、砥礪前行的日子。

胡適先生曾說：

獅子與虎永遠是獨來獨往，只有狐狸與狗才成群結隊。人是天生懼怕孤獨的動物，但人類本身也是能夠忍受孤獨的動物。

當你懂得一個人去面對世界紛擾的時候，當你明白生活絕大多數時間都只能一個人的時候，你才終會懂得，你應該、也必須活成一個人的千軍萬馬。

高寶書版集團
gobooks.com.tw

高寶文學 073
一個人，剛剛好

作　　者　梁知夏君
特約編編　余純菁
助理編輯　陳柔含
封面設計　黃馨儀
內頁編排　賴姵均
企　　劃　方慧娟

發 行 人　朱凱蕾
出　　版　英屬維京群島商高寶國際有限公司台灣分公司
Global Group Holdings, Ltd.
地　　址　台北市內湖區洲子街88號3樓
網　　址　gobooks.com.tw
電　　話　(02) 27992788
電　　郵　readers@gobooks.com.tw（讀者服務部）
傳　　真　出版部　(02) 27990909　行銷部 (02) 27993088
郵政劃撥　19394552
戶　　名　英屬維京群島商高寶國際有限公司台灣分公司
發　　行　希代多媒體書版股份有限公司/Printed in Taiwan
初版日期　2022年1月

本書由北京斯坦威圖書授權繁體字版之出版發行。

國家圖書館出版品預行編目(CIP)資料

一個人,剛剛好/梁知夏君著. -- 初版. -- 臺北市：英屬維京群島商高寶國際有限公司臺灣分公司, 2022.01
面；　公分. -- (高寶文學：073)

ISBN 978-986-506-295-8(平裝)

1.自我實現　2.生活指導

177.2　　110018713